Sete lições sobre
as interpretações do Brasil

copyright © 2008 Bernardo Ricupero

Edição: Joana Monteleone
Assistente Editorial: Guilherme Kroll Domingues
Projeto gráfico: Clarissa Boraschi Maria
Diagramação: Marília Chaves
Assistente de Produção: Luciana Santoni
Revisão: Maurício Katayama
Imagens da capa: *Carte de Rio de Janeiro* (Mapa do Rio de Janeiro), 1579; *Guamaiacuguara* (Diodon hystrix) Baiacu de Espinho; *Rode Ibis* (Guará); *Cavim*. Coroado do Aldeamento de S.Pedro, São Pedro de Alcântara; *Convoi de Café S'Acheminant Vers la Ville* (Carregadores de Café a Caminho da Cidade), 1826; *Praia do Botafogo* em 1816; *Nigrita* (Negrinha); *Granaatappel*, Romeiro (Podica granatum) Romã; *Cebus gracilis. Mas.* / Der schlanke wickelschwanz. Männchen.

Dados Internacionais de Catalogação na Publicação (CIP)
(Sindicato Nacional dos Editores de Livros, RJ, Brasil)

Sete lições sobre as interpretações do Brasil
Bernardo Ricupero. – São Paulo: Alameda, 2008

Inclui Bibliografia
ISBN 978-85-98325-56-9

1. Vianna, Oliveira. 2.Freyre, Gilberto, 1900-1987. Casa-grande & senzala. 3.Holanda, Sérgio Buarque de, 1902-1982. Raízes do Brasil. 4. Prado Júnior, Caio, 1907-1990. 5. Faoro, Raymundo, 1925-2003. 6. Fernandes, Florestan, 1920-1995. 7. Ciência Política - Brasil. I. Título.

07-3427

CDD - 981
CDU - 94(81)

A primeira edição desta obra contou com apoio da Fapesp

[2008]
Todos os direitos reservados à
ALAMEDA CASA EDITORIAL
Rua Iperoig, 351 – Perdizes
CEP 05016-000 – São Paulo – SP
Tel/Fax (11) 3862-0850
www.alamedaeditorial.com.br

Sete lições sobre as interpretações do Brasil

∽

Bernardo Ricupero

2ª Edição

Índice

Prefácio	7
Introdução	19
Capítulo I Existe um pensamento político brasileiro ou As idéias e seu lugar	29
Capítulo II Oliveira Vianna	49
Capítulo III Gilberto Freyre	75
Capítulo IV Sérgio Buarque de Holanda	101
Capítulo V Caio Prado Jr.	129
Capítulo VI Raymundo Faoro	155
Capítulo VII Florestan Fernandes	181
Índice Remissivo	209

Prefácio

Intérpretes do Brasil,
nossos antepassados?

André Botelho*

No PREFÁCIO que escreveu para seu livro *I nostri antenati*, Ítalo Calvino confessa seu desejo pessoal de liberdade, ao escrever ao longo da década de 1950 as três histórias "inverossímeis" reunidas no livro, com relação à classificação de "neo-realista" a que seus escritos anteriores o haviam levado. Mas com sua trilogia, procurou sobretudo sugerir três níveis diferentes de aproximação da liberdade na experiência humana que "pudessem ser vistas como uma árvore genealógica dos antepassados do homem contemporâneo, em que cada rosto oculta algum traço das pessoas que estão a nossa volta, de vocês, de mim mesmo".[1] Mais do que o caráter imaginário da "genealogia" (certamente importante, mas não surpreendente, já que toda pretensão genealógica traz sempre boa dose de bovarismo), a confissão de Calvino esclarece, quando se leva em conta o contexto desses seus escritos – "[...] Estávamos no auge da guerra fria, havia uma tensão no ar, um dilaceramento surdo, que não se manifestavam

---

* Professor do Departamento de Sociologia e do Programa de Pós-graduação em Sociologia e Antropologia da UFRJ.

[1] Ítalo Calvino: *Os nossos antepassados*. Tradução de Nilson Moulin. São Paulo, Companhia das Letras, 1999, p. 20. A trilogia é composta por "O visconde partido ao meio", "O barão nas árvores" e "O cavaleiro inexistente".

em imagens visíveis mas dominavam os nossos ânimos"[2] –, o quanto, sobretudo em momentos particularmente dramáticos em termos sociais, a busca de uma perspectiva que permita ligar a experiência presente ao passado pode representar "um impulso para sair dele" (do presente)[3] e, então, divisar melhor as possibilidades de futuro.

Essa estranha reflexão de Calvino sobre a utopia, na qual a reconstrução do passado joga papel crucial na construção do futuro, há tempos me ronda quando penso no tipo de trabalho intelectual envolvido na área de pesquisa denominada de Pensamento social e político brasileiro. Isso não apenas porque os chamados ensaios de "interpretação do Brasil" que formam a matéria-prima da área inovaram nessa mesma direção ao ensinarem a pensar a dimensão de processo social inscrita no presente vivido, como Antonio Candido se refere ao legado da geração de ensaístas da década de 1930 para a sua própria geração.[4] Como, sobretudo, porque, enquanto área de pesquisa, o pensamento social e político parece estar atingindo, desde a década de 1990, amplas condições de consolidação no âmbito das ciências sociais praticadas no Brasil, como indicam balanços realizados sobre a sua produção contemporânea.[5] Isso a

---

[2] Ítalo Calvino, 1999, p. 9.
[3] *Ibidem.*
[4] Escrevia Antonio Candido em 1967: "Os homens que estão hoje um pouco para cá ou um pouco para lá dos cinqüenta anos aprenderam a refletir e a se interessar pelo Brasil sobretudo em termos de passado" in "O significado de *Raízes do Brasil*" in Sérgio Buarque de Holanda, *Raízes do Brasil* (Edição comemorativa 70 anos). Organizada por Ricardo Benzaquen de Araújo e Lilia Moritz Schwarcz. São Paulo, Companhia das Letras, 2006, p. 235.
[5] Conforme, por exemplo, Sergio Miceli: "Intelectuais brasileiros" in *O que ler na ciência social brasileira (1970-1995)*. 2ª ed. São Paulo, Editora Sumaré; ANPOCS; Brasília, DF, Capes, 1999, pp. 109-145; Lúcia Lippi Oliveira: "Interpretações

despeito de – ou, melhor pensado, talvez como decorrência dessa situação – persistirem algumas visões simplificadoras, e mesmo ingênuas, como as que supõem ser suficiente identificar a pesquisa das interpretações do Brasil como um tipo de conhecimento antiquário sem maior significação para a sociedade e para as ciências sociais contemporâneas.

A reflexão de Calvino sobre os "nossos antepassados", voltou-me de imediato quando recebi o convite de Bernardo Ricupero para essas mal traçadas que abrem o livro que, daqui algumas páginas, o leitor terá a felicidade de ter em mãos. Não que seja intenção do autor, neste livro, estabelecer "genealogias" na tradição intelectual brasileira, mas ao apresentar algumas das interpretações clássicas da formação da sociedade formuladas entre 1920 e 1975, ele retoma o campo problemático central da área de pesquisa, a que já vem dando contribuições substantivas nos últimos anos.[6] Assim, integram sua análise interpretações cruciais formuladas em *Populações meridionais do Brasil* (1920), de Francisco José Oliveira Vianna, *Casa-Grande & Senzala* (1933), de Gilberto Freyre, *Raízes*

---

sobre o Brasil". in Sérgio Miceli (Org.), *Op. cit.*, pp. 147-181; Elide Rugai Bastos: "Pensamento social da Escola Sociológica Paulista". in Sérgio Miceli (Org.): *O que ler na ciência social brasileira*. São Paulo, ANPOCS/Editora Sumaré; Brasília, DF, Capes, 2002, pp. 183-230, e "O CPDOC e o pensamento social brasileiro". In *CPDOC 30 anos*. Editora FGV, 2003, pp. 97-120; Gildo Marçal Brandão: "Linhagens do pensamento político brasileiro". DADOS *Revista de Ciências Sociais*. Rio de Janeiro, IUPERJ, vol. 48, n. 2, 2005, pp. 231-69; André Botelho: "Sobre as teses do IUPERJ: ciências sociais e construção democrática no Brasil contemporâneo". Mimeo., 2007.

[6] Destaco, nesse sentido, seus livros anteriores: *O romantismo e a idéia de nação no Brasil (1830-1870)*. São Paulo, Martins Fontes, 2004; e *Caio Prado Jr. e a nacionalização do marxismo no Brasil*. São Paulo, Editora 34, 2000.

do Brasil (1936) de Sergio Buarque de Holanda, *Formação do Brasil contemporâneo* (1942), de Caio Prado Jr., *Os donos do poder* (1958), de Raymundo Faoro e *A Revolução Burguesa no Brasil* (1975) de Florestan Fernandes. Observa Ricupero que, enquanto gênero intelectual, as interpretações do Brasil estão historicamente situadas entre a proclamação da República, em 1889, e o desenvolvimento mais pleno da universidade, a partir da década de trinta do século xx. Todavia, se o bem sucedido processo de institucionalização das ciências sociais no Brasil redefiniu o padrão hegemônico do trabalho intelectual no sentido da pesquisa empírica, não eliminou, contudo, o papel do ensaio no estudo da sociedade brasileira; como lembra o autor em relação ao caso emblemático de Florestan Fernandes que, tendo sido um dos que mais contribuiu para que se impusesse nas ciências sociais brasileiras um padrão científico, realizou, como último trabalho importante, um grande ensaio de interpretação do Brasil.[7]

Nos capítulos dedicados às interpretações do Brasil, Bernardo Ricupero sintetiza com rigor os principais aspectos das abordagens mobilizadas pelos seus autores; após situá-las no contexto de sua época e antes de indicar, de modo bastante representativo, algumas

---

[7] Retomando a sugestão de Adorno sobre a dialética entre sujeito e objeto na forma ensaio, Robert Wegner observa que uma das características centrais de um ensaio diz respeito "ao fato de que o decifrar da realidade não está na somatória de dados objetivos, mas muito mais na sua multiplicação com elementos da subjetividade de seu autor" in "Um ensaio entre o passado e o futuro" in Sérgio Buarque de Holanda (2006), *Op. cit.*, p. 339. Para o aprofundamento da questão da forma ensaio, ver: Theodor W. Adorno: "O ensaio como forma" in Gabriel Cohn (Org.), *Theodor Adorno*. São Paulo, Ática, 1986, pp. 167-187; e Leopoldo Waizbort: *As aventuras de Georg Simmel*. São Paulo, Curso de Pós-graduação em Sociologia/USP/Editora 34, 2000.

das principais análises das obras examinadas e outros estudos que permitem a continuidade e o aprofundamento, sobretudo, do leitor que se inicia nessa modalidade de "imaginação sociológica". A estrutura escolhida para os capítulos, por sua vez, é fundamental para o cumprimento do objetivo principal do livro: comunicar de modo claro e objetivo a matéria de interpretações do Brasil concebidas em chaves analíticas tão distintas e os meandros altamente complexos dos diálogos nem sempre explícitos mantidos entre elas – e para cujo bom resultado concorre ainda a narrativa desataviada empregada por Bernardo. A segurança com que realiza essas tarefas relaciona-se certamente a sua experiência, já mencionada, como pesquisador e também professor da área. Mas gostaria, no entanto, de chamar a atenção para o primeiro capítulo que, apesar de bem situado no conjunto formado pelo livro, tem um alcance maior, na medida em que coloca questões instigantes para pensar a própria "formação" de um pensamento social e político brasileiro e as formas possíveis de abordá-la e avaliá-la inclusive em sua relevância contemporânea.

Em "Existe um pensamento político brasileiro? ou as idéias e seu lugar", Bernardo Ricupero retoma, em chave comparativa pouco usual, propostas teórico-metodológicas indireta ou diretamente voltadas para o pensamento social e político brasileiro, mas que têm sido, de todo modo, mobilizadas na sua pesquisa contemporânea. Partindo de Raymundo Faoro, um dos "intérpretes" apresentados no livro, em *Existe um pensamento político brasileiro?* (1994), passando por "Paradigma e história: a ordem burguesa na imaginação social brasileira" (1975), de Wanderley Guilherme dos Santos, e "Formação de um pensamento autoritário na Primeira República" (1977), de Bolívar Lamounier, chega ao controverso "As idéias fora do lugar" (1973), de Roberto Schwarz. Nota Ricupero que, de diferentes perspectivas e com sentidos cognitivos e compromissos políticos distintos, esses textos-programas tomam o papel do liberalismo no Brasil do século XIX como referência fundamental para discutir as condições, as possibilidades e os efeitos da constituição de uma vida ideológica densa e emancipada dos referenciais metropolitanos. E que essa forma de problematizar a formação de um quadro cultural autônomo implica, necessariamente, na indagação sobre a própria "natureza" da sociedade que se veio formando no Brasil desde a experiência colonial – o que constitui a própria matéria-prima das obras de interpretação selecionadas no livro. Sem pretender resumir seus argumentos, assinalo apenas sua sugestão, baseada em interpretação própria da tese de Schwarz, de que, mais do que a adequação ou não de certas referências intelectuais a um dado contexto social, o interesse no estudo das interpretações do Brasil estaria na possibilidade que elas abrem para problematizar as correspondências entre processos formativos distintos, mas mutuamente referidos. Nesse sentido, Ricupero observa que a realização plena de um processo de formação não pressupõe que outro se complete, o que dá lugar a um tipo de "comédia ideológica" com conseqüências duradouras, ela mesma o centro do problema a ser explicado, marcada pelo desencontro entre um processo formativo bem sucedido (no caso de Schwarz, o da literatura; no que Ricupero tem em vista, o do pensamento social e político) sem que por isso a formação de uma "sociedade nacional" no país tenha chegado a se completar.

A sugestão desse desencontro entre estrutura social e produção intelectual, esta relativamente bem sucedida quanto ao estabelecimento de um quadro mais autônomo, mas obviamente sem força efetiva para se contrapor, no plano social, à situação de "subordinação colonial" de origem que a pôs em movimento, não implica, contudo, que as interpretações do Brasil tenham um significado meramente "ornamental" para a sociedade. Se minha interpretação da proposta de Bernardo Ricupero estiver correta, adianto um passo que me parece, logicamente, decorrer dela: as interpretações do Brasil devem, antes, ser tratadas como elementos importantes para a compreensão da articulação das forças sociais que operam no desenho da sociedade, que contribuem para movê-la em determinadas direções. Ou seja, não se pode negligenciar a vigência dessas formas de pensar o Brasil no âmbito da "cultura política", como foi comum ao nosso ambiente acadêmico entre as décadas de 1970 e 1990, porque muitas delas deram vida a projetos, foram assumidas por determinados grupos sociais e se institucionalizaram, informando ainda hoje valores, condutas e práticas sociais.[8]

O que não significa, como discute Ricupero, repor a crítica mais corriqueira à tese das "idéias fora do lugar", qual seja, a de que, ao ser recepcionada em "qualquer" contexto social (como se isso existisse), qualquer idéia (*ibidem*) acabaria, de todo modo, por se ajustar à realidade local sob o imperativo "universal" do cumprimento de uma "função" social. O pressuposto desse raciocínio – no limite, o de que as idéias *funcionariam* como variáveis sistêmicas interligadas e intercambiáveis de modo (relativamente) independente dos seus contextos históricos – acaba por fazer tabula rasa justamente do aspecto teórico-metodológico central da tese de Schwarz que

---

[8] Ver André Botelho e Milton Lahuerta: "Interpretações do Brasil, pensamento social e cultura política: tópicos de uma necessária agenda de investigação". *Perspectivas*. São Paulo, v. 28, 2005, pp. 7-18.

Ricupero quer recuperar: o analista interessado na pesquisa da relação entre idéias (ou questões estéticas) e formação social não se pode furtar à especificação do *sentido* particular por elas assumido na dinâmica social, não importando se em nome de uma pretensa universalidade ou de um extremo relativismo (pós-moderno) que advoga que "particularidades" históricas, afinal de contas, não são prerrogativas de nenhuma sociedade.[9] O que está em jogo na pesquisa das interpretações do Brasil, então, é a constituição de um campo problemático historicamente bem situado como condição para que se possa, inclusive, investigando o seu *sentido* particular, dar-lhe os desdobramentos que o nosso próprio tempo torna necessários.

Assim, como ocorre em relação aos antepassados inverossímeis de Calvino, são as relações sociais e políticas em curso na sociedade brasileira que nos interpelam constantemente a voltar às interpretações de que fora objeto no passado, e não o contrário. Porque, afinal, podemos identificar (e nos identificarmos) nas "interpretações do

---

[9] Como observou recentemente Schwarz em relação à consagração "internacional" de Machado de Assis, sobretudo nos círculos universitários norte-americanos: "o sucesso internacional viria de mãos dadas com o desaparecimento da particularidade histórica, e a ênfase na particularidade histórica seria um desserviço prestado à universalidade do autor. O artista entra para o cânon, mas não o seu país, que continua no limbo, e a insistência no país não contribui para alçar o artista ao cânon. Pareceria que a supressão da história abre as portas da atualidade, ou da universalidade, ou da consagração, que permanecem fechadas aos esforços da consciência histórica, enfurnada numa rua sem saída para a latitude do presente". Roberto Schwarz: "Leituras em competição". *Novos estudos – CEBRAP* [online]. 2006, n. 75 [citado 2007-07-30], pp. 61-79. Disponível em: <http://www.scielo.br/scielo.php?script=sci_arttext&pid=S0101-33002006000200005&lng=pt&nrm=iso>.

Brasil" proposições cognitivas e ideológicas que *ainda* nos dizem respeito, já que o processo social por elas narrado – de modo "realista" ou não, mas em face das questões e com os recursos intelectuais que o seu tempo tornou disponíveis – permanece, ele mesmo, em vários sentidos em aberto. Se do ponto de vista substantivo, esse processo encontra inteligibilidade sociológica na modernização conservadora em que, feitas as contas dos últimos anos, prosseguimos, e a partir da qual a mudança social tem se efetivado a despeito de deixar praticamente intactos ou redefinidos noutros patamares problemas seculares; também do ponto de vista teórico-metodológico, embora sejam inegáveis os ganhos epistemológicos das ciências sociais institucionalizadas como disciplina acadêmica, não existem razões suficientes para superestimá-los como se tivessem permitido resolver de modo permanente os problemas que os ensaístas ou os cientistas sociais das gerações anteriores levantaram.[10]

O legado intelectual e político que Oliveira Vianna, Gilberto Freyre, Sergio Buarque, Caio Prado, Faoro e Florestan Fernandes nos deixaram, como se pode ler no livro de Bernardo Ricupero, ainda nos diz respeito, quer seja para aceitá-lo ou rejeitá-lo, e tenhamos

---

[10] Afinal, como a ciência social pós-positivista tem insistido, análises científicas não se baseiam exclusivamente em "evidências empíricas", bem como a ausência endêmica de "consenso" no interior das ciências sociais quanto a aspectos empíricos e não-empíricos torna o "discurso" um elemento nada desprezível na sua prática. O que não significa impossibilidade de produção de conhecimento "objetivo", mas "apenas que as condições das ciências sociais tornam altamente improvável o consenso sobre a natureza exata do conhecimento empírico – para não falar do consenso sobre leis explicativas". Jeffrey C. Alexander: "A Importância dos Clássicos". in Anthony Giddens, Jonathan Turner (Org.): *Teoria Social Hoje*. São Paulo, Ed. Unesp, 1999, p. 36. Para um desenvolvimento da questão do significado das interpretações do Brasil em condições pós-positivistas das ciências sociais, ver Botelho e Lahuerta (2005), *Op. cit.*

nós consciência disso ou não, como o autor também pondera.[11] E quando lembramos que um traço marcante da dinâmica social brasileira, tem sido a impressão (quase sempre interessada) de que a nossa vida intelectual está sempre recomeçando do zero a cada nova geração,[12] maior a importância deste tipo de projeto editorial.

Enfim, porque as interpretações do Brasil não são apenas descrições externas, mas também operam como um tipo de metalinguagem reflexiva da sociedade, elas representam, em meio ao labirinto da especialização acadêmica contemporânea, um espaço social de comunicação entre *presente, passado* e *futuro* que, adaptando Calvino, poderá nos dar uma visão mais integrada e consistente do processo histórico que o nosso presente ainda oculta – e que está "a nossa volta, de vocês, de mim mesmo".

---

[11] Com base no trabalho de Brandão (2005), Op. cit.

[12] Roberto Schwarz: "Nacional por subtração" in *Que horas são? Ensaios*. São Paulo, Companhia das Letras, 1987, p. 30.

Introdução

As INTERPRETAÇÕES DO BRASIL são o tema deste livro. Isso, de certa forma, limita o escopo da análise, já que o tipo de trabalho que examinaremos apareceu especialmente num certo período da história do país, entre a proclamação da República, em 1889, e o desenvolvimento mais pleno da universidade, a partir da década de trinta do século xx.

O que nos conduz a uma outra questão: por que as interpretações do Brasil não surgiram antes, durante o Império, e por que passaram a ser menos comuns depois, com o incremento da vida universitária e da reflexão científica? De forma sucinta, é possível considerar que a preocupação predominante, nos anos que se seguem à independência, não foi, nem pode ter sido, em interpretar o Brasil, mas sim de criar referências nacionais para o país recém-independente. Como no resto da América, tratava-se mesmo de fazer com que a independência política fosse seguida pelo que alguns chamam de emancipação mental.

Nesse sentido, procurava-se estabelecer um programa para a crítica literária brasileira, ao mesmo tempo que se fazia um esforço para criar uma literatura e uma historiografia nacionais. Prova de que o esforço foi, em grande parte, bem-sucedido está inclusive nas interpretações do Brasil produzidas pelas gerações seguintes que partem dos parâmetros antes estabelecidos, ironicamente, até mesmo quando pretendem negá-los.

Por outro lado, as interpretações do Brasil estavam, de certa maneira, bloqueadas durante a maior parte do século XIX, já que a investigação mais totalizante a respeito do país era impedida pelas próprias condições da sociedade de então, na qual o fato dominante era o trabalho escravo. Assim, havia uma espécie de acordo tácito entre os participantes no debate político e cultural que excluía da discussão certos temas, principalmente os relacionados com a escravidão. Nesse quadro, a literatura da época limitava-se a tratar de assuntos como índios heróicos, os desmandos do imperador, a centralização e descentralização, etc.

Em compensação, desde a década de trinta do século XX, a universidade começa a ganhar importância e, com ela, muda o padrão de reflexão sobre o país. Se nos primeiros anos da República prevalecia o ensaio, as monografias sobre temas específicos vão progressivamente ocupando seu espaço. A evolução não deixa de trazer vantagens evidentes – como, por exemplo, o maior rigor dos trabalhos –, mas implica também certas perdas, ao contribuir para obliterar a compreensão de como esses temas estão inseridos num quadro mais amplo.

Os trabalhos que discutiremos pertencem ao gênero ensaístico. De acordo com Bolívar Lamounier, eles seguiriam um quase padrão narrativo, iniciando-se por um grande balanço da história do Brasil e fechando-se com o programa político sobre como superar os problemas do país.[1] Não por acaso, o aparecimento

---

[1] Ver: Bolívar Lamounier, "Formação de um pensamento autoritário na Primeira República" in Boris Fausto, (org.) *História geral da civilização brasileira*, T. III, V. II, Rio de Janeiro, Editora Bertrand do Brasil, 1990.

desses livros se concentra sobretudo na primeira metade do século XX.

Mas, mesmo entre os livros com os quais trabalharemos, há diferenças importantes. O primeiro, *Populações meridionais do Brasil* (1920), de Francisco José de Oliveira Vianna, corresponde mais ao período do predomínio do gênero descrito por Lamounier, ao passo que os três seguintes – *Casa-Grande e Senzala* (1933), de Gilberto Freyre, *Raízes do Brasil* (1936), de Sérgio Buarque de Holanda, e *Formação do Brasil contemporâneo: colônia* (1942), de Caio Prado Jr. – são editados numa época que é, de certa forma, de transição entre o domínio do ensaísmo e o da monografia universitária. Por fim, *Os donos do poder* (1958), de Raymundo Faoro, e *A revolução burguesa no Brasil* (1973), de Florestan Fernandes, são, de alguma maneira, livros deslocados, em razão de terem sido publicados em momentos em que as grandes explicações do Brasil já se tinham tornado pouco comuns.

O livro de Florestan Fernandes, em especial, aparece quando o ensaísmo já havia praticamente desaparecido no país. Não deixa de ser revelador, porém, que aquele que mais contribuiu para que se impusesse nas ciências sociais brasileiras um padrão científico tenha realizado, como último trabalho importante, uma grande explicação do Brasil. Num outro sentido, não é menos significativo que outros dois grandes intérpretes do Brasil da geração de Faoro e de Fernandes, Antonio Candido e Celso Furtado, tenham preferido concentrar os esforços em campos específicos: a crítica literária e a economia.

Por outro lado, é possível sustentar que a principal preocupação dos livros mais conhecidos de Candido e de Furtado é próxima de boa parte dos trabalhos aqui analisados, discutindo também a questão da formação. Paulo Arantes, por exemplo, ao estudar *Formação da literatura brasileira* (1959), nota o número considerável de livros brasileiros com a palavra formação no título.[2] Para ficar apenas na nossa discussão, depararemos com um deles no quinto capítulo deste livro, *Formação do Brasil contemporâneo: colônia*, de Caio Prado Jr. Além dele e do livro de Candido, há também o de Celso Furtado, *Formação econômica do Brasil* (1958), e o de Paula Beiguelman, *Formação política do Brasil* (1967).

Não menos interessante é notar que o subtítulo de *Casa-Grande e Senzala*, de Gilberto Freyre, indica que se discute a "formação da família patriarcal brasileira", e o de *Os donos do poder*, de Raymundo Faoro, explica que se trata da "formação do patronato político brasileiro". Por fim, o título de um livro como *Raízes do Brasil*, de Sérgio Buarque de Holanda, não esconde que é a mesma ordem de preocupações que o inspira. Forçando um pouco, seria possível enquadrar *Populações meridionais do Brasil*, de Oliveira Vianna, e *A revolução burguesa no Brasil*, de Florestan Fernandes, num pretenso modelo a respeito do tema. Até porque o primeiro livro estaria preocupado em saber como seria possível ao Estado dar forma à amorfa sociedade brasileira, e o segundo se atormentaria com as dificuldades de constituição de uma sociedade nacional quando se parte de uma situação colonial.

Não é mesmo mero acaso que num país com passado colonial, como o Brasil, a formação seja um tema recorrente. Ele indica a preocupação com o estabelecimento de um quadro social mais

---

[2] Ver: Paulo Arantes, "Providências de um crítico na periferia do capitalismo" in Paulo e Otília Arantes, *Sentido de formação: três estudos sobre Antonio Candido, Gilda de Mello e Souza e Lúcio Costa*, Rio de Janeiro, Paz e Terra, 1997.

autônomo, nacional, que se contraporia à situação anterior, de subordinação colonial. Isso pode inclusive ser expresso em domínios variados e de maneiras diferentes. Por exemplo, na criação de um sistema literário em que passam a existir escritores, leitores e uma certa linguagem, tal como analisado por Antonio Candido. Ou, numa outra referência, "na emergência de um sistema cujo principal centro dinâmico é o mercado interno",[3] para falar como Celso Furtado.

No entanto, já nesses autores a diferença na análise é sensível. Uma coisa é falar em formação da literatura brasileira, e outra, em formação econômica do Brasil. O primeiro processo é completado por volta do final do século XIX, quando, não por coincidência, aparece o grande romancista brasileiro, Machado de Assis. A outra formação, a da economia brasileira, é, por sua vez, um processo truncado, isso se a construção não foi simplesmente interrompida.

Mais importante, a realização plena de um processo de formação não pressupõe que outro se complete.[4] Assim, a formação da literatura brasileira se realiza em Machado não só devido ao estabelecimento de um sistema literário no período em que o autor é ativo, mas também, em grande parte, em razão da sua capacidade de internalizar na sua obra as condições de uma determinada sociedade, ironicamente, malformada.

---

[3] Celso Furtado, *Formação econômica do Brasil*, São Paulo, Companhia Editora Nacional, 1991, p. 233. Ver também: Antonio Candido, *Formação da literatura brasileira*, Belo Horizonte, Editora Itatiaia, 1993.

[4] Ver: Roberto Schwarz, "Os sete fôlegos de um livro" in *Seqüências brasileiras*, São Paulo, Companhia das Letras, 1999.

É possível, portanto, identificar em Furtado, assim como em Prado Jr. e Buarque de Holanda, uma dimensão normativa, que se encontra ausente ou, ao menos, atenuada em Candido, o qual, mais do que defender a formação da literatura brasileira, como fizeram, no século xix, os críticos românticos, quer descrever como se deu esse processo. Diversas ainda, mesmo que situadas em pólos opostos, são as posturas de Freyre e de Faoro. O primeiro, ao estudar a "formação da família patriarcal brasileira", tem uma visão positiva do processo, ao passo que o segundo considera que a "formação do patronato político brasileiro" nos faz quase prisioneiros do estamento burocrático, usurpador da soberania, pelo menos desde Dom João i.

No entanto, é possível, por outra via, perceber que a pergunta de Faoro, a ser discutida no próximo capítulo – "existe um pensamento político brasileiro?" –, não deixa de ser aparentada com o tema da formação. Na verdade, está subjacente à questão, como não deixa de notar o autor, a existência ou não de um quadro cultural autônomo. Portanto, mais uma vez, a problemática da colônia é recolocada.

Também estão ligadas a ela outras formulações a serem estudadas, como a de Roberto Schwarz sobre "as idéias fora do lugar". Nesse caso, trata-se de analisar a transformação do significado de referências ideológicas vindas das antigas metrópoles, no caso o liberalismo, no contexto de uma ex-colônia em que o trabalho escravo continuava dominante. Por fim, o argumento de Wanderley Guilherme dos Santos de que, durante o Império, os conservadores teriam se identificado com uma postura de "autoritarismo instrumental" pode ser considerado como uma variante da problemática da formação, que não deixa de ter como horizonte a ordem burguesa que se imagina existir na Europa e nos EUA.

Ao pensarmos essas questões, prepararemos o caminho para a discussão dos capítulos posteriores, que examinarão as diferentes interpretações do Brasil esboçadas por *Populações meridionais do Brasil, Casa-Grande e Senzala, Raízes do Brasil, Formação do Brasil contemporâneo: colônia, Os donos do poder* e *A revolução burguesa no Brasil.*

Os capítulos seguirão a mesma estrutura básica. Eles se abrem com uma discussão que procura situar o autor e seus problemas no contexto de sua época. Depois, se analisa, com mais cuidado, um livro fundamental de cada escritor. A seguir, se indicam diferentes interpretações a respeito da obra do autor examinado. Quando há controvérsias significativas a respeito dela — casos de Oliveira Vianna e Gilberto Freyre — apontam-se para os principais pontos de divergência. Finalmente, há a sugestão de alguns trabalhos que podem ajudar o leitor a se aprofundar no conhecimento das variadas interpretações do Brasil.

O livro procura sobretudo desvelar o diálogo, nem sempre explícito, entre esses trabalhos, indicando pontos de convergência e divergência entre as diferentes interpretações do Brasil. Se realizar tal objetivo, na verdade, modesto, já me darei por satisfeito.

Esta obra não teria sido possível sem a leitura atenta e sugestões pertinentes de Rubens Ricupero e André Botelho. Não têm, porém, culpa alguma nas suas eventuais falhas.

Capítulo I

Existe um pensamento político brasileiro?
ou
As idéias e seu lugar

Antes de discutirmos as diferentes "interpretações do Brasil", devemos indagar se tal empreendimento faz sentido. É possível até radicalizar a questão e perguntar, como Raymundo Faoro: "existe um pensamento político brasileiro?".[1]

Ou seja, não é evidente que um país como o Brasil seja capaz de criar um pensamento político e social que dê conta de suas condições particulares. Ligada a esse problema, aparece ainda outra indagação: como idéias elaboradas originalmente no centro capitalista comportam-se num outro contexto social e político, dependente e periférico.

Raymundo Faoro, Wanderley Guilherme dos Santos e Roberto Schwarz são autores que tentam oferecer respostas a essas perguntas.[2] Apesar das diferentes perspectivas teóricas e políticas, os três, não por acaso, deram grande atenção a alguns temas comuns, em particular, o papel do liberalismo no Brasil do século XIX. Isso

---

[1] Ver: Raymundo Faoro, "Existe um pensamento político brasileiro?" in *Existe um pensamento político brasileiro?*, São Paulo, Editora Ática, 1994.

[2] Ver: Faoro, *op. cit.*; Wanderley Guilherme dos Santos, *Ordem burguesa e liberalismo político*, São Paulo, Livraria Duas Cidades, 1978; Schwarz, "As idéias fora do lugar" in *Ao vencedor as batatas*, São Paulo, Livraria Duas Cidades, 1992.

ocorre até porque o liberalismo foi, depois da independência, a principal referência ideológica com a qual contavam os brasileiros para criar suas novas instituições, diferentes das coloniais. Mas mesmo que Faoro, Schwarz e Santos convirjam para reconhecer a importância do liberalismo no Brasil do século xix, divergem ao avaliar o significado do que se criou no Brasil a partir dele.

Nessa perspectiva, ainda que os três autores não forneçam uma resposta inequívoca à questão do lugar das idéias no Brasil, ajudam-nos a situar a problemática em torno da qual podem ser pensadas as "interpretações do Brasil".

Em termos amplos, problemas como a existência de um pensamento político brasileiro estão, como o próprio Faoro indica, relacionados com a presença de um quadro cultural autônomo e, naturalmente, de uma sociedade capaz de moldá-lo. Wanderley Guilherme dos Santos lembra que o desenvolvimento das ciências sociais no Brasil, e de todo pensamento em qualquer parte do mundo, segue dois influxos básicos: o proporcionado pela influência de sua evolução em outros centros e o resultante de avanços e recuos no interior da sociedade analisada. Mesmo reconhecendo essa verdade, teremos que partir, no nosso caso, de uma situação em que se era colônia e, portanto, onde, como insiste Schwarz, se faz uso de idéias originalmente produzidas nas metrópoles.

Antes, porém, talvez seja necessário explicar o que se entende por pensamento político. Faoro faz isso por contraste, diferenciando o pensamento político da filosofia política e da ideologia.

A ideologia, como consciência invertida, teria o papel de amparar o domínio de uma classe ou grupo social sobre as demais. Por meio da ideologia, essa classe ou grupo social se faria hegemônica, como que convencendo as outras de que seus interesses e valores seriam universais. A ideologia seria, portanto, essencialmente *práxis*. Já a filosofia política e sua parenta, a ciência política, sistematizariam as idéias acerca da política, buscando captar seus traços mais universais e abstratos. A filosofia política seria, assim, fundamentalmente *logos*.

O pensamento político não seria propriamente nem filosofia política nem ideologia, localizando-se, de certa maneira, a meio caminho entre as duas. Ou melhor, o pensamento político seria uma espécie de *logos* que direcionaria a *práxis*. Portanto, o pensamento político não seria redutível nem à filosofia política nem à ideologia. Não estaria preocupado tanto em ser coerente, como exige a filosofia política, nem estaria tão disseminado, como ocorreria com a ideologia.

O pensamento político brasileiro, em especial, parte de uma situação de não-autonomia. Na verdade, assim como tudo mais na colônia, o pensamento político brasileiro estava subordinado ao pensamento metropolitano. Em termos mais amplos, para falar como Antonio Candido, se poderia dizer que "a nossa literatura é galho secundário da portuguesa, por sua vez arbusto de segunda ordem no jardim das Musas..."[3]

De acordo com Faoro, a metrópole portuguesa teve importante papel não só na expansão ultramarina européia, mas também no pensamento político, recuperando a noção, inicialmente medieval, da intermediação popular do poder, cuja origem seria divina. Essa noção seria mesmo a ancestral do moderno conceito de soberania popular.

---

[3] Antonio Candido, *Formação da literatura brasileira*, op.cit., p. 9.

No entanto, segundo o autor de *Existe um pensamento político brasileiro?*, o impulso de transformação em Portugal teria sido bloqueado num dado momento. Fato é que a burguesia mercantil, muito ligada à aristocracia fundiária e, como ela, dependente do Estado absolutista português, seria incapaz de impulsionar mais plenamente mudanças no país. Esse desenvolvimento também se faria sentir no plano das idéias. Não por acaso, em Portugal, a Contra-Reforma teve especial força, estimulando o retorno à escolástica medieval.

Mesmo assim, algumas mudanças, apesar de tardias, acabaram sendo ensaiadas. No último quartel do século XVIII, quando Dom José I era rei e o marquês de Pombal seu principal ministro, tenta-se aproximar Portugal da Europa. A Companhia de Jesus é expulsa, controla-se o poder dos nobres e promove-se uma reforma universitária. Não é, porém, difícil de notar, conforme ressalta Faoro, que apesar da orientação das reformas chocar-se com o que era prevalecente em Portugal, seu principal promotor é o mesmo de sempre: o Estado.

No que se refere mais especificamente ao Brasil, a crise do absolutismo e do sistema colonial encontraria, de acordo com o jurista gaúcho, diferentes soluções possíveis: a que, amparada no neopombalismo, buscaria a transação com a metrópole, e a de setores nativistas, que, numa referência liberal, desejariam romper com a condição colonial. Essas duas posturas permaneceriam vivas na história brasileira, estabelecendo uma constante tensão não resolvida. A principal sustentação para o neopombalismo apareceria no grupo que no livro de Faoro, *Os donos do poder*, é batizado de estamento burocrático, apoiado pela burguesia comercial, ao passo que os grandes proprietários rurais se identificariam com o liberalismo.

No entanto, o liberalismo sai derrotado, o que impediu, segundo Faoro, que se alterasse a orientação política dominante, "instituindo um Estado protetor de direitos".[4] O grupo neopombalino se travestiria, por sua vez, de liberal. Não buscaria, entretanto, criar direitos e garantias individuais centrando sua ação no Estado, ironicamente, repetindo a orientação do primeiro-ministro de Dom José I. Desejaria, assim, reformar esse Estado num sentido liberalizante, mas que não deixaria de ter afinidade com o antigo absolutismo.

A derrota do liberalismo resultaria num "pensamento que não conseguiu se realizar, casando-se à prática".[5] Ou seja, no Brasil haveria liberalismo como filosofia política e como ideologia, mas não como pensamento político. Até porque, independentemente do ambiente social, não é impossível, para certos autores, realizarem, em termos abstratos, a sistematização acerca das idéias políticas, que exige o liberalismo como filosofia política. Ao mesmo tempo, o país consome a ideologia liberal, até devido à posição subalterna em que se encontra na divisão internacional do trabalho. Ter pensamento político seria, entretanto, mais difícil, já que ele corresponderia a uma obra coletiva de sucessivas gerações. Mas não haveria dúvidas quanto ao efeito da ausência entre nós do liberalismo como pensamento político: o *logos* não se faria *práxis*.

De modo mais profundo, de acordo com Faoro,

---

[4] Faoro, *op. cit.*, p. 72.

[5] *Ibid.*

a ausência do liberalismo, que expressava uma dinâmica dentro da realidade social e econômica, estagnou o movimento político, impedindo que, ao se desenvolver, abrigasse a emancipação, como classe, da indústria nacional. Seu impacto revelaria uma *classe*, retirando-a da névoa estamental na qual se enredou.[6]

No entanto, na perspectiva do jurista gaúcho, é duvidoso que a constituição de um pensamento político brasileiro fosse uma possibilidade real. Como vimos, o desenvolvimento de um tal pensamento estaria, de acordo com Faoro, relacionado com o sucesso do liberalismo no país. Provavelmente, a associação entre liberalismo e pensamento político brasileiro se deve, como sugere *Os donos do poder,* à vinculação do primeiro às tendências mais profundas do país. Em outras palavras, ao passo que o estamento burocrático seria fundamentalmente estrangeiro, os senhores rurais fariam uso do liberalismo para expressar seus anseios, brasileiros.

Contudo, *Os donos do poder* e mesmo *Existe um pensamento político brasileiro?* duvidam da possibilidade de superação do domínio do estamento burocrático no Brasil. A outra opção – a vitória dos senhores rurais liberais – levaria, segundo Faoro, à anarquia. Até porque a aliança com a classe média, com a qual sonhavam alguns liberais, como Teófilo Otoni, corresponderia a condições de outro país, "o país da propriedade parcelada, com empresas urbanas, um país que não existia".[7] Isto é, nos termos do jurista gaúcho, a existência de um pensamento político brasileiro não é uma verdadeira opção, devido às próprias condições da sociedade em que ele aparece.

---

[6] *Ibid.*, p. 84 e 85.

[7] *Ibid.*, p. 73.

É evidente o contraste entre a interpretação de Raymundo Faoro e a de Wanderley Guilherme dos Santos sobre o liberalismo no Brasil. Segundo Santos, "a medida da acuidade de Paulino Soares de Souza, no século passado, é dada pela extensão em que percebeu que a eficácia das instituições era função da ordem social e política envolvente". Depois de constatar a pretensa correção do diagnóstico do visconde do Uruguai, chega a avaliar positivamente uma das intenções do político do século XIX, a de que incumbiria "ao poder político existente manter, eventualmente criar revolucionariamente, a ordem que corresponde às preferências dominantes".[8] Em outras palavras, Uruguai, assim como posteriormente Francisco José de Oliveira Vianna, consideraria que é necessário adaptar as instituições à realidade social, com o intuito de conservar ou transformar essa última.

Segundo Santos, o realismo dos conservadores contrasta com o verdadeiro "fetichismo institucional" dos liberais. Estes acreditariam que bastava adotar as instituições existentes na Europa e nos EUA – como a federação, o júri popular e o juiz eleito – para que o Brasil se transformasse, quase automaticamente, numa sociedade similar à européia ou à norte-americana.

De acordo com *Ordem burguesa e liberalismo político*, conservadores e liberais concordariam, entretanto, quanto ao objetivo a perseguir: a instauração, no Brasil, de uma ordem burguesa análoga à européia e à norte-americana. Para impô-la, seria necessário vencer o poder dos senhores de escravos, necessidade da qual, acredita o autor, os conservadores teriam consciência, mas não os liberais.

---

[8] Santos, *op. cit.*, p. 50.

Numa linha oposta à de Wanderley Guilherme do Santos, e mais próxima a Faoro, Bolívar Lamounier critica a noção de autoritarismo instrumental. Na verdade, com base num objetivo impreciso – a "ordem burguesa" –, ela apenas incorporaria "a auto-imagem do próprio pensamento autoritário", que continuaria uma tradição intelectual brasileira, defensora de que "os tecno-intelectuais alojados no aparelho de Estado", grupo que *Os donos do poder* chama de estamento burocrático, "constituem uma elite especialíssima, movida por intentos altruístas, por uma visão de grandes horizontes e uma incomparável objetividade".[9] Assim, além do "fetichismo institucional" dos liberais, discutido por Santos, haveria o "objetivismo tecnocrático", praticado por conservadores, pensadores autoritários e pelo próprio autor de *Ordem burguesa e liberalismo político*. Como contraponto ao dedutivismo jurídico, apareceria o objetivismo pretensamente realista, que acreditaria que um único modelo político deveria corresponder à "realidade".

Lamounier assinala, a partir daí, a existência de uma verdadeira "ideologia de Estado". Em contraste com o liberalismo, essa ideologia defenderia o predomínio do Estado sobre o mercado como princípio organizador da sociedade. Ou melhor, a sociedade, inicialmente amorfa, deveria ser transformada pelo Estado, passando então a ter forma. Também diferentemente do liberalismo, que acentuaria o papel do conflito na política, o pensamento autoritário teria uma visão harmônica das relações sociais predominantes no Brasil, o que, como sugere Oliveira Vianna, refletiria a intrínseca bondade do povo brasileiro.

---

[9] Lamounier, "Formação de um pensamento autoritário na Primeira República", *op. cit.*, p. 335.

Santos, por sua vez, rebate a crítica de Lamounier, perguntando se é possível falar em "ideologia de Estado", já que inexistem "ideologias políticas que não implicam uma noção de Estado",[10] como já mostraram Locke, Marx, Polyani, Macpherson, etc.

Na verdade, a polêmica entre Wanderley Guilherme dos Santos e Bolívar Lamounier está mal colocada, ou melhor, está colocada em termos invertidos. Os dois autores partem de um pressuposto falso: a oposição entre Estado e sociedade, a partir do qual chegam a conclusões opostas e igualmente incorretas. Por outro lado, e de maneira complementar, o que diz um sobre o outro é verdadeiro, mesmo que seja por motivos errados.

Assim, o "fetichismo institucional" dos liberais do Império, discutido por Santos, realmente quer fazer crer que não existe maior problema em adotar instituições norte-americanas e européias num ambiente social bastante diferente do original. Já a atitude conservadora, analisada por Lamounier, sugere que haveria apenas uma forma – a correta, a deles – de apreender a realidade. Isto é, junto com o dedutivismo jurídico dos liberais convive o objetivismo pretensamente realista dos conservadores. No mesmo sentido, o "autoritarismo instrumental", de Wanderley Guilherme dos Santos, incorpora "a auto-imagem do pensamento conservador", e a "ideologia de Estado", de Bolívar Lamounier, não existe pelo simples motivo de que não existe ideologia política sem referência ao Estado.

No entanto, num sentido diferente do que pensam os dois autores, o Estado brasileiro não desejava controlar os potentados locais, criando uma pretensa ordem burguesa, nem oprimia a sociedade.

---

[10] Santos, *op. cit.*, p. 32.

O "realismo" dos conservadores – independentemente do que afirmavam – vincula-se à sua aceitação da ordem social então existente, na qual a escravidão era o fato dominante. Em compensação, os liberais, mesmo quando bastante avançados, eram incapazes de realmente questionar as bases da sociedade imperial, realizando uma crítica radical ao trabalho servil.

Dessa forma, a relação entre os conservadores e os liberais acabava por se complementar. Envergonhavam-se ambos da "instituição nefanda", apesar de o sentimento ser mais acentuado entre os liberais – provavelmente devido ao seu apego a fórmulas estrangeiras – mas adiavam, ao máximo, a solução do problema, incapazes que eram de enfrentá-lo. Mais concretamente, a centralização, que os conservadores favoreciam, não visava, ao invés do que sugere Santos, a subjugação dos senhores de escravo espalhados pelo território brasileiro, mas reforçava o poder desse grupo, criando efetivamente uma classe dirigente nacional, preocupada em coordenar os esforços contrários à repressão do tráfico de escravos realizados pela Inglaterra.

À primeira vista, a análise de Roberto Schwarz sobre o liberalismo no Brasil no século XIX é similar à de Wanderley Guilherme dos Santos. Como o autor de *Ordem burguesa e liberalismo político* e, antes dele, Oliveira Vianna e os conservadores do Império, parte da constatação de que existe inadequação entre as idéias liberais e o ambiente social brasileiro.

De acordo com Schwarz, o liberalismo seria ideologia na Europa por corresponder às aparências, prevalecendo, nesse contexto, o trabalho livre e a igualdade perante a lei. Já no Brasil, onde o trabalho escravo seria dominante e, conseqüentemente, relações materiais de força seriam normais, a exploração seria revelada sem subterfúgios. Portanto, já aí, de maneira diferente de Santos, Schwarz indica que o problema não estaria tanto nas idéias liberais, mas na sociedade brasileira, onde, de maneira contrastante com a sociedade européia, prevaleceria a escravidão.

Nessa referência, o uso de idéias liberais no Brasil escravista não deixaria de adquirir um conteúdo específico. Estaria relacionado com a condição daqueles que não eram escravos e que se relacionariam, para além da força, por meio do favor, afirmando, dessa maneira, sua condição de homens livres. Em outras palavras, ao passar a fazer parte das idéias e práticas que regulam as relações entre os homens livres, o liberalismo seria incorporado ao favor. Tornar-se-ia, conseqüentemente, uma ideologia de segundo grau.

No entanto, a referência ao liberalismo no Brasil teria base real, até porque o país faz parte do capitalismo mundial. O mais complicado é que seria justamente a escravidão, ao fornecer os braços exigidos pela lavoura, que garantiria um lugar para o Brasil na divisão internacional do trabalho e, dessa maneira, entre as nações ditas civilizadas. Isto é, a vinculação do Brasil com a ordem burguesa, do qual o liberalismo é parte importante, se daria, para dizer o menos, de maneira pouco civilizada.

Por outro lado, o liberalismo, ao converter-se em ideologia de segundo grau, perderia seu caráter universalista, passando a defender interesses particularistas. Configurar-se-ia, assim, segundo Schwarz, uma verdadeira "comédia ideológica", em que, "com método, atribui-se independência à dependência, utilidade ao capricho, universalidade às exceções, mérito ao parentesco, igualdade ao privilégio, etc.".[11]

No entanto, num outro sentido, de modo similar ao que aconteceu com a literatura russa, a periferia deixaria mais à vista o que

---

[11] Schwarz, *op. cit.*, p. 18.

ficava encoberto no centro capitalista. O próprio Marx já notara que a escravidão *sans phrase* do Novo Mundo revela a verdade sobre o trabalho assalariado, forma disfarçada de escravidão.

Não deixa de ser interessante notar que a tese de Schwarz tem sido criticada principalmente devido ao tipo de vinculação que indica existir entre idéias estrangeiras e o ambiente social brasileiro. Maria Sylvia Carvalho Franco, por exemplo, argumenta que na formulação das "idéias fora do lugar" está implícita uma relação de exterioridade entre o liberalismo, originário do centro capitalista, e a sociedade escravista brasileira. Ou seja, Carvalho Franco baseia sua crítica na vinculação, correta por sinal, da tese das "idéias fora do lugar" à teoria da dependência. Segundo ela, a caracterização que faz tal teoria da relação entre antigas metrópoles e colônias, os pólos centrais e periféricos do capitalismo, como de oposição e mesmo incompatibilidade – sugerindo-se até, de acordo com a autora, que nas duas situações prevaleceriam diferentes modos de produção – inspiraria a formulação das "idéias fora do lugar".

Carvalho Franco sustenta, do seu lado, que centro e periferia fariam parte do mesmo modo de produção, favorecendo momentos diferentes do processo de constituição e reprodução do capital. Os dois pólos carregariam "o conteúdo essencial – o lucro – que percorre todas as [...] determinações"[12] do capitalismo.

Fica indicado por esse trecho que a autora equipara capitalismo à busca do lucro. Nessa postura, Carvalho Franco se aproxima de toda uma corrente de interpretação do Brasil, da América Latina e, de forma mais ampla, do capitalismo, identificada com os tra-

---

[12] Maria Sylvia de Carvalho Franco, "As idéias estão em seu lugar" in *Cadernos de Debate*, n. 1, 1976, p. 64.

balhos de André Gunder Frank, Ruy Mauro Marini e Theotônio dos Santos, também eles dependentistas, mas com postura teórica diferente daquela mais próxima da tese das "idéias fora do lugar".

Mas voltemos a Schwarz. Como é sabido, o argumento das "idéias fora do lugar" insere-se num conjunto de trabalhos do crítico sobre Machado de Assis. O ensaio em questão serve para que mobilize a matéria ideológica da qual são feitos os romances maduros de Machado. Mais especificamente, a partir de *Memórias póstumas de Brás Cubas,* o antigo agregado de *Iaiá Garcia* teria assumido o ponto de vista dos senhores de escravo, indicando a "desfaçatez de classe" desse grupo social. Pode-se dizer que a "desfaçatez de classe" refere-se precisamente à situação do grupo senhorial, como vimos, dependente da escravidão, mas que sente a necessidade de reproduzir boa parte das referências ideológicas européias, verdade que esvaziadas de seu conteúdo original.

No entanto, os romances de Machado de Assis, ao mesmo tempo que incorporam uma dada realidade social, também fazem parte de um conjunto de trabalhos que pretendiam criar a literatura brasileira. Os dois desenvolvimentos são, até certo ponto, complementares. De início, é mesmo bastante comum, em literaturas em situação similar à brasileira, traduzir obras européias, ou então, decalcar, sem maiores cuidados, os enredos importados num novo cenário, feito, por exemplo, de palmeiras e papagaios. Mesmo quando isso não acontece e os romances se desenrolam num ambiente urbano, aparentemente similar ao europeu, falta veracidade às cortesãs, aos estudantes pobres e aos capitalistas que os povoam, até porque aqui cidades, cortesãs, estudantes pobres e capitalistas não são em nada parecidos com os do Velho Mundo.

É preciso, portanto, esperar para que as condições brasileiras sejam internalizadas na nossa literatura, não mais como exotismo forçado e reprodução de fórmulas prestigiosas; ou, para falar como o próprio Machado de Assis, para que apareça nas obras saídas da pena do autor brasileiro "certo sentimento íntimo que o torne homem do seu tempo e do seu país",[13] que o aproxima de escritores naturais de qualquer outra parte. No autor em questão, isso ocorre quando encontra sua voz narrativa no senhor de escravos, que tenta se passar por civilizado. Mas para que Machado possa ter aparecido, foi necessário antes que José de Alencar escrevesse seus romances, para não falar de Joaquim Manuel de Macedo e mesmo de Teixeira de Sousa. Ou seja, a formação realiza-se mais plenamente quando é capaz de expressar-se na forma.

Sugerimos, assim, que "as idéias fora do lugar", mais do que expressarem, como parecem acreditar boa parte dos críticos da tese, um fato – a inadequação de certas referências intelectuais a um dado contexto social –, indicam um processo de formação, que se completaria na forma, até porque, como afirma Lukács, em trabalho clássico sobre o tema, no momento em que se passa a ter forma, há "a conciliação do exterior e do interior".[14] A formação pode, assim, a partir de certas condições históricas e sociais, realizar-se ou não mais plenamente na forma e, tendo ainda mais permanência, em instituições.

No entanto, para além da formação da literatura brasileira subsiste a formação de uma sociedade nacional no país. A formação da literatura brasileira pôde mesmo se completar em Machado de As-

---

[13] Joaquim Maria Machado de Assis, "Notícia da atual literatura brasileira. Instinto de nacionalidade" in *Obras completas,* v. iii, Rio de Janeiro, Editora Nova Aguilar, 1997, p. 894.
[14] George Lukács, "A propos de l'essence et de la forme de l'essai: une lettre à Leo Popper" in *L'âme et les formes,* Paris, Éditions Gallimard, 1974, p. 21.

sis devido à capacidade que este demonstrou de internalizar na sua obra as condições de uma determinada sociedade, malformada. Em outras palavras, Schwarz, provavelmente por estar preocupado principalmente em perceber a matéria ideológica da qual são feitos os romances maduros de Machado, não aponta para outras dimensões do liberalismo no Brasil do século XIX. Não destaca, em particular, que o liberalismo não deixou de entrar em choque com a realidade social e pressionar pela sua transformação.

No caso da escravidão, o evidente contraste entre a forma de trabalho e o ideal liberal serviu como um dos mais poderosos estímulos para a Abolição. Num sentido mais amplo, a colisão entre referências intelectuais importadas do centro capitalista e o ambiente social do capitalismo periférico tem sido, ao longo da história brasileira, um dos mais poderosos impulsos para a mudança no país.

Não é, portanto, mero acaso que os autores discutidos neste livro tenham tido que lidar, de uma maneira ou de outra, com a questão do lugar das idéias no país. Mas ainda que sejam recorrentes em nosso debate político-cultural discussões como essa, muitas vezes os próprios homens e mulheres envolvidos nelas parecem repetir argumentos sem saber o que outros já afirmaram. Conseqüentemente, nosso esforço deve ser, como sugere Gildo Marçal Brandão, de buscar, no pensamento político e social brasileiro, apesar da falta de consciência histórica, continuidades, que indicam problemáticas e toda uma maneira de tratar os temas discutidos.[15]

Um bom caminho para isso parece ser o de confrontar algumas das mais importantes "interpretações do Brasil". Até porque foram

---

[15] Gildo Marçal Brandão, "Linhagens do pensamento político brasileiro" in *Dados*, n. 2, 2005.

fundamentalmente nesses livros que se fixaram as questões que continuam a nos atormentar.

INDICAÇÕES DE LEITURA

Os textos que escolhemos para pensar as interpretações do Brasil são apenas alguns dos que possibilitam tal empreitada.

Nesse sentido, é especialmente sugestivo o n. 54, de 2001, da revista *Lua Nova*, que tem precisamente como tema "pensar o Brasil".

Há também balanços desse tipo de literatura, como o artigo de Lúcia Lippi Oliveira, "Interpretações do Brasil", escrito para o segundo volume de *O que ler nas ciências sociais brasileiras (1970 – 1995)*, organizado, em 1999, por Sérgio Miceli para a Editora Sumaré. Antes, Maria Tereza Sadek já havia realizado uma avaliação de tal tipo em "Análises sobre pensamento político brasileiro", publicado no n. 2 do *Boletim de Informação Bibliográfica*, de 1982.

Trabalhos mais gerais, que ultrapassam o tema desse livro, são: *As identidades do Brasil: de Varnhagen a FHC*, de José Carlos Reis, que foi publicado em 1999 pela editora da FGV, e *Formação do pensamento político brasileiro*, de Francisco Weffort, que saiu em 2006 pela Editora Ática. O primeiro, como o título indica, discute uma gama variada de autores, de Francisco Varnhagen a Fernando Henrique Cardoso, e que teriam sido particularmente influentes no estabelecimento da identidade brasileira. Já o segundo faz uma avaliação bastante positiva da "tradição" do pensamento político brasileiro.

Já numa outra orientação, Glaucia Vilas Boas, em *Mudanças provocadas*, editado em 2006 pela editora da FGV, parte de *Os sertões* e *Casa-Grande e Senzala* para concentrar a análise na sociologia produzida no Brasil na década de cinqüenta.

Sobre o tema correlato dos intelectuais brasileiros existe uma bibliografia razoável, destacando-se os trabalhos de Miceli, boa parte deles reunidos na coletânea *Intelectuais à brasileira,* surgida, em 2002, por iniciativa da Companhia das Letras. Um livro bastante influente sobre a relação entre intelectuais e política no Brasil é o de Daniel Pécaut, intitulado justamente *Intelectuais e política no Brasil: entre o povo e a nação,* publicado, em 1990, pela Editora Ática. Também há alguns trabalhos que comparam entre si autores que discutiremos. Caso do livro de Luiz Guilherme Piva, *Ladrilhadores e semeadores,* de 2000, da Editora 34, que trata de Oliveira Vianna e Sérgio Buarque de Holanda, além de um autor que não analisaremos, Azevedo Amaral. Já Angela de Castro Gomes, no artigo "A dialética da tradição", publicado no n. 13, de 1990, da *Revista Brasileira de Ciências Sociais,* compara Oliveira Vianna e Sérgio Buarque de Holanda. Autor que também é discutido por Valeriano Ferreira Costa em "Vertentes democráticas em Gilberto Freyre e Sérgio Buarque", no n. 26, de 1992, da *Lua Nova.* No n. 37, de 1996, dessa mesma revista, Gabriela Nunes Ferreira compara "A formação nacional em Buarque, Freyre e Vianna".

Finalmente, há um trabalho muito bom que trata da obra de Roberto Schwarz, *Sentimento da dialética na experiência intelectual brasileira,* de Paulo Arantes, publicado em 1992, pela Paz e Terra.

Capítulo II

Oliveira Vianna

FRANCISCO JOSÉ DE OLIVEIRA VIANNA nasce, em 1883, numa fazenda de Saquarema, província do Rio de Janeiro. A cidade natal do autor foi, durante boa parte do Império, bastante importante para o Partido Conservador, cujos membros eram conhecidos inclusive como "saquaremas".

A origem rural nunca deixa de ser valorizada por Oliveira Vianna – é membro da terceira geração de uma família de agricultores modestos –, o que contribui para que não se desfaça da propriedade paterna, apesar do constante prejuízo que acarreta. A própria importância que o escritor atribui ao campo deve, em parte, ter sido estimulada por suas raízes.

Oliveira Vianna, cedo, fica órfão de pai. Na ausência dele, o menino devora a considerável biblioteca deixada. A fim de prosseguir os estudos, muda-se de Saquarema para Niterói e, depois, para o Rio de Janeiro, estudando direito na Faculdade Livre de Ciências Jurídicas e Sociais. Concluído o curso, retorna a Niterói. Lá, torna-se professor de matemática em escola secundária.

Artigos na imprensa contribuem para que se torne um pouco mais conhecido. Por volta da mesma época, vira professor da não muito respeitada Faculdade de Direito Teixeira de Freitas, a popular "Teixeirinha". A colaboração em jornais contribui para que se aproxime de Alberto Torres. Em pouco tempo, passa a participar do pequeno círculo que se reúne em torno do ex-governador do estado do Rio de Janeiro. É também o ensaísta consagrado que estimula o ainda obscuro professor a escrever seu primeiro livro.

Com *Populações meridionais do Brasil: populações rurais do centro-sul*, publicado, em 1920, pela editora Monteiro Lobato e Cia., Oliveira Vianna, já com 37 anos, torna-se, quase imediatamente, uma celebridade literária. Refletindo sua mudança de fortuna, publica, durante a década de vinte, mais cinco livros.

A partir do novo ambiente político surgido com a Revolução de 1930, a influência do autor deixa mesmo de ser meramente intelectual. Ele, que até então não tinha se dado sequer ao trabalho de tirar o título de eleitor, passa a ser consultor jurídico do recém-criado Ministério do Trabalho. Tem, nessa posição, papel importante na elaboração da nova legislação sindical e trabalhista. É eleito, em 1937, membro da Academia Brasileira de Letras (ABL), e, já mais tarde, torna-se ministro do Tribunal de Contas da União (TCU).

Oliveira Vianna morre em 1951. Nunca chegou a deixar o Brasil, tendo levado uma vida austera, segundo alguns, quase monástica. Mesmo assim, o impacto da obra do jurista fluminense foi considerável, o que constataremos ao discutirmos praticamente todos os autores deste livro.

Em sentido inverso, pode-se verificar, pelo Prefácio de *Populações meridionais do Brasil*, quais foram os escritores que mais influenciaram seu autor.[1] Num esforço de constante atualização, outros escritores foram posteriormente lidos por Oliveira Vianna, mas seu panteão básico já tinha sido estabelecido por volta de 1920.

A obra do engenheiro católico francês Pierre Guillaume-Fréderic Le Play e de sua escola sociológica é provavelmente a que deixou a marca mais profunda no seu pensamento. A influência da escola de Le Play se exerce particularmente sobre o método de Oliveira Vianna: a construção de tipos regionais com base em fatos sociais. Os tipos surgiriam do ambiente natural e, a partir daí, do tipo de propriedade e de família neles desenvolvidos. Sinal da importância da escola do engenheiro francês para o autor de *Populações meridionais do Brasil: populações rurais do centro-sul* está no próprio título do livro, muito similar ao subtítulo da obra de um discípulo de Le Play, Edmond Desmolins, *Les français d'aujourd'hui: les types sociaux du midi e du centre.*

Também marca Oliveira Vianna a psicologia social de Gustave Le Bon. Esse autor desenvolve a idéia da existência de alma da raça ou caráter nacional. De acordo com Le Bon, as raças se distinguiriam não tanto pelas características físicas, mas pelos traços psicológicos, havendo, conseqüentemente, uma hierarquia entre elas. É por isso que seria possível para 60 mil ingleses dominar 250 milhões de indianos.

Outra influência sofrida pelo autor de *Evolução do povo brasileiro* é a da antropologia física de G. Vacher de Lapouge. Dele, vem a crença no protagonismo da raça ariana, o que vale boa parte das críticas que Oliveira Vianna sofre.

---

[1] Ver: José Murilo Carvalho, "Introdução a *Populações meridionais do Brasil*" in Silvano Santiago (org.), *Intérpretes do Brasil*, v. i, Rio de Janeiro, Editora Nova Aguillar, 2002.

No que se refere a brasileiros, o jurista fluminense é influenciado, como revela outro Prefácio, o de *Instituições políticas brasileiras*, sobretudo por três autores: Sylvio Romero, Euclides da Cunha e Alberto Torres.

É inclusive por intermédio do primeiro, que chegou a ser seu professor, que Oliveira Vianna tem acesso às obras de Le Play e de sua escola. Sylvio Romero é um dos principais nomes da "geração de 1870", que renova o pensamento brasileiro, ao chamar a atenção, por influência do evolucionismo e do positivismo, para o peso de fatores sociais nas idéias e na política.

Euclides da Cunha também sofre essas influências intelectuais. Provavelmente, o que mais marca Oliveira Vianna e os de sua geração na leitura de *Os sertões* e de outros livros do autor é a crença de que existiriam como que dois Brasis, sugestão que posteriormente contribui para se imaginar a oposição entre um país legal e um país real.

No entanto, a maior influência sobre o autor de *Populações meridionais do Brasil* é exercida por seu conterrâneo, Alberto Torres. O autor de *A organização nacional* é o primeiro pensador autoritário brasileiro, escola, se é que o conjunto desses autores críticos à República Velha formam uma escola, à qual Oliveira Vianna também pertence. As críticas do pensamento autoritário visam sobretudo a Constituição republicana, que, julgam, desconhecia as condições brasileiras. Não por acaso, o novo contexto republicano estimula esse tipo de crítica ao evidenciar o descompasso entre as promessas contidas nas instituições, que deveriam garantir a "coisa pública", e as práticas dominantes, orientadas por preocupações particularistas.

Oliveira Vianna sente inclusive a necessidade de diferenciar sua obra da de Alberto Torres, assinalando que a postura do mais velho seria a de um filósofo político enquanto a sua seria a de um cientista social[2]. Conseqüentemente, as abordagens seriam diversas; Alberto Torres se elevaria do abstrato para o concreto, ao passo que Oliveira Vianna iria do concreto ao abstrato.

No entanto, os dois e outros autores identificados com o pensamento autoritário recuperam na crítica à República argumentos aparecidos no debate imperial, em particular, os mobilizados por membros do Partido Conservador. Entre os conservadores, destaca-se, pelo caráter mais sistemático de sua obra, o também político fluminense, Paulino Soares de Sousa. O visconde do Uruguai acusa os liberais de desejarem adotar instituições estrangeiras sem demonstrarem maior preocupação com sua adequação às condições brasileiras. Será precisamente isso que Oliveira Vianna chamará de idealismo utópico ou constitucional.

O publicista do século xx também concorda com o do século xix em que a opressão, diferentemente do que sugeriam os liberais, nem sempre provém de cima, do poder central, mas também pode vir de baixo, das facções. Portanto, medidas como a descentralização, ao invés de gerarem o *self-government* à americana, favoreceriam o poder dos caudilhos.

Populações meridionais do Brasil

A principal motivação de Oliveira Vianna ao longo de sua obra é, como afirma no Prefácio de seu primeiro livro, "ressaltar o quanto

---

[2] Oliveira Vianna, *Instituições Políticas Brasileiras*, Livraria José Olympio Editora, 1944.

somos distintos de outros povos".[3] Esse programa de pesquisa se imporia já que, apesar de a comparação das novas sociedades americanas com as antigas sociedades européias evidenciar a diferença entre as duas, nossas classes dirigentes revelariam verdadeira obstinação de não reconhecerem a originalidade das suas condições. A conseqüência dessa postura se sentiria na cópia por parte das novas nacionalidades dos exemplos fornecidos pelas civilizações ocidentais mais antigas.

Assim, "há um século" viveríamos no Brasil "em pleno sonho".[4] Não mais prevaleceria "o sentimento das nossas realidades", tão presente entre os capitães-gerais da colônia. Ao contrário, políticos e intelectuais se deixariam levar pelas agitações políticas e parlamentares de norte-americanos, franceses, ingleses, etc.

Esconde-se, porém, em *Populações meridionais do Brasil* uma outra finalidade, além da de apreender a particularidade brasileira. Nesse objetivo, de reorientar a vida política do país, só revelado de forma explícita dois anos depois da publicação do livro de estréia de Oliveira Vianna, em *Evolução do povo brasileiro*, o autor, quem sabe, tenha tido até mais sucesso do que na sua primeira finalidade. Não que as duas coisas estejam desvinculadas, como o jurista fluminense não nos deixa de lembrar no segundo livro: "com o conhecimento integral das leis que presidem a nossa formação, preparíamos as bases de uma política objetiva e experimental, de uma política orgânica, induzida das condições específicas da nossa estrutura social e da

---

[3] Oliveira Vianna, *Populações meridionais do Brasil*, Belo Horizonte, Editora Itatiaia, 1987, p. 15.

[4] *Ibid.*, p. 20 e 21.

nossa mentalidade coletiva".⁵ Portanto, a meta teórica, a apreensão da particularidade brasileira, abriria caminho para a finalidade prática, o estabelecimento de uma "política objetiva" no Brasil.

Já por essa discussão, pode-se notar como Oliveira Vianna apresenta seu problema como sendo fundamentalmente de método. Mais tarde, ao explicar, em *Instituições políticas brasileiras*, a metodologia que utilizou em *Populações meridionais do Brasil*, que chama de sociológica, ele deixa mais claro suas intenções. Nota que, ao estudar o Estado, não se podem ignorar "as condições da vida cultural do povo, entendida esta palavra no seu sentido etnológico".⁶

Ou seja, diferentemente do que fariam as elites políticas e intelectuais brasileiras, se trataria de entender o Estado a partir do meio e da sociedade da qual brota. Em outras palavras, o autor, ao estudar o direito público brasileiro, não teria se limitado ao direito escrito, o direito-lei, outorgado pelas elites, mas teria procurado apreender o direito público costumeiro, elaborado pelo povo-massa.

Para explicar o descompasso entre idéias e realidade no Brasil, Oliveira Vianna, assim como outros pensadores próximos ao conservadorismo, como Edmund Burke e Aléxis de Tocqueville, chega a sugerir elementos para a elaboração de uma sociologia dos intelectuais. Para o jurista fluminense, a raiz do problema estaria na condição de marginalidade das elites brasileiras, que, como o tipo de R. Park, "vivem [...] entre duas 'culturas': uma – *a do seu povo*,

---

⁵ Oliveira Vianna, *Evolução do povo brasileiro*, Rio de Janeiro, Livraria José Olympio Editora, 1956, p. 38.

⁶ Oliveira Vianna, *Instituições políticas brasileiras*, Rio de Janeiro, Livraria José Olympio Editora, 1949, p. 95.

que lhes forma o subconsciente coletivo; outra – *a européia ou norte-americana*, que lhes dá as idéias, as diretrizes de pensamento, os paradigmas constitucionais, os critérios do julgamento político".[7]

Em termos mais empíricos, a própria variedade de grupos sociais seria o resultado da ação de diferentes fatores sobre eles. Mas, apesar de o autor de *Evolução do povo brasileiro* reconhecer que não existe uma monocausalidade sobre a sociedade, ele acredita que o meio tem um papel preponderante na conformação dos grupos humanos. A prova de que se deveria privilegiar o ambiente em relação ao homem seria mesmo, como sugeria Le Play, que "não há tipos sociais fixos, e sim ambientes sociais fixos".[8]

Em relação ao ambiente, o interior seria mais importante do que as cidades, os tipos urbanos sendo variantes dos rurais. "Matrizes da nacionalidade",[9] os campos teriam chegado a plasmar as cidades. Significativamente, na época em que *Populações meridionais do Brasil* é escrito, o Brasil ainda é basicamente rural, a população urbana não chegando a 5 milhões num universo de 25 milhões de habitantes.

O país, apesar do que pensariam suas elites, não possuiria unidade aos olhos do povo. A ausência de consciência coletiva entre os brasileiros teria, segundo Oliveira Vianna, a seguinte conseqüência: "culturologicamente considerado, o Brasil não me parece ainda uma unidade constituída e sim uma unidade a constituir-se".[10] Mesmo a ação dos estadistas do Império teria sido incapaz de rea-

---

[7] *Ibid.*, p. 18.

[8] Oliveira Vianna, *Populações meridionais do Brasil, op. cit.*, p. 18.

[9] *Ibid.*

[10] Oliveira Vianna, *Instituições políticas brasileiras, op. cit.* p. 114.

lizar essa unificação, limitando-se aos aspectos jurídicos e políticos sem atingir verdadeiramente as massas.

Em particular, no interior do país seria possível distinguir "pelo menos três histórias diferentes: a do norte, a do centro-sul, a do extremo-sul".[11] Elas, por sua vez, teriam gerado "três sociedades diferentes: a dos sertões, a das matas, a dos pampas, com seus três tipos específicos: o sertanejo, o matuto, o gaúcho".[12]

Constatada a diversidade regional, deriva o plano de trabalho no qual se insere *Populações meridionais do Brasil*: um estudo sobre populações meridionais – subdividido no estudo do centro e do extremo sul – e outro sobre as populações setentrionais. No entanto, o estudo sobre o sertanejo, grupo que o escritor pouco conhecia, nunca chegou a ser escrito, enquanto que o dedicado ao gaúcho só iria aparecer postumamente, em 1952.

Por outro lado, o interesse do autor de *Instituições políticas brasileiras* pela população do centro-sul se explica, além de sua origem, pelo fato de se ter localizado ali, desde antes da independência, a sede do governo central. Assim, os matutos do centro-sul – cujo foco geográfico seriam as regiões montanhosas do estado do Rio, o grande maciço continental de Minas e os platôs agrícolas de São Paulo – teriam acabado por preponderar sobre os demais tipos regionais brasileiros.

Originalmente, contudo, a aristocracia que vai para o norte e o sul do Brasil não se distinguiria de maneira significativa. Ambas descenderiam dos ramos mais ilustres da nobreza portuguesa,

---

[11] Oliveira Vianna, *Populações meridionais do Brasil*, op. cit., p. 15 e 16.
[12] *Ibid.*, p. 16.

comportando-se como "um recanto de corte européia transplantada para o meio da selvageria americana".[13] Essa tese de Oliveira Vianna seria, porém, desmentida em estudos publicados já nos anos vinte, como os de Alcântara Machado.

Os hábitos, caracteristicamente urbanos, da aristocracia entrariam em choque com o ambiente. Dessa forma, um segundo grupo, de origem plebéia, acabaria por prevalecer. Isto é, o meio americano, cuja tendência seria centrífuga, absorveria o espírito europeu, de orientação centrípeda. Conseqüentemente, por um certo período da vida colonial as cidades chegariam a entrar em decadência.

Ao mesmo tempo, a vida social dos colonizadores adquiriria uma fisionomia própria, inédita. Em conformidade com o meio, ocorreria "a obra de adaptação rural, de *conformismo rural* – em uma palavra, a obra de ruralização da população colonial".[14] Derivaria daí a psicologia social do brasileiro, que continuaria a ser fundamentalmente um homem do campo.

No entanto, a influência do meio rural, segundo Oliveira Vianna, varia de acordo com o predomínio da pequena ou da grande propriedade. No caso particular do Brasil, "somos o latifúndio".[15] Estão indicados aqui elementos para a elaboração de uma sociologia rural, em que as principais características da sociedade colonial são atribuídas ao predomínio da grande propriedade rural no país. Essa orientação não é, todavia, inteiramente levada a cabo pelo autor no restante da sua obra em razão da importância que também dá a outros fatores, como a raça e a psicologia social.

---

[13] *Ibid.*, p. 23.

[14] *Ibid.*, p. 31.

[15] *Ibid.*, p. 49.

No latifúndio não haveria grande espaço para a solidariedade social. Em compensação, o grande domínio, que tudo absorve, seria um mundo em miniatura, onde prevaleceria a vida doméstica. Organizado à maneira romana, teria o *pater famílias* como seu chefe supremo.

Na verdade, a principal característica do território que o português colonizou na América seria sua enorme extensão. Nessa situação, as relações sociais tenderiam a ser instáveis, já que, com tanta terra disponível, nada impediria que cada colono se tornasse proprietário. Nesse sentido, Oliveira Vianna sugere que a escravidão surgiu como uma forma de disciplinar a força de trabalho, indicação bastante perspicaz e pouco usual na época em que *Populações meridionais do Brasil* foi publicado.

Junto com a escravidão, apareceriam os grandes domínios rurais. Quase que inteiramente auto-suficientes, era comum afirmar-se que precisavam comprar apenas ferro, sal, pólvora e chumbo. Atrairiam praticamente tudo que existia na vida colonial, como que reunindo vilas, indústria, comércio, etc. Os grandes domínios exerceriam, portanto, uma verdadeira função simplificadora sobre o restante da sociedade.

Nesse quadro, em que a pequena propriedade teria uma importância ínfima, não se desenvolveria classe média. As próprias características da economia e da sociedade colonial impediriam que isso ocorresse. Aqui, as principais culturas, o açúcar e o café, devem ser plantadas em enormes territórios, o que é diferente da vinha e do trigo europeus, que podem ser cultivados em pequenas extensões.

Além de tudo, os pequenos proprietários não encontrariam o estímulo de produzir para mercados, presentes nos núcleos urbanos, já que também eles seriam atraídos pela função simplificadora do grande domínio. Por outro lado, essa situação, em que inexiste classe média, tornaria verdadeira a afirmação do viajante francês Louis Couty, que disse, em 1882, que "o Brasil não tem povo".

O problema principal que a aristocracia da terra teria que enfrentar seria o de conseguir braços que trabalhassem suas lavouras. Como a migração foi pequena, se recorreria à escravidão. Ou seja, Oliveira Vianna sugere outra explicação, para a emergência dessa instituição, além da primeira, relativa ao papel da escravidão como mecanismo para disciplinar a força de trabalho numa situação de abundância de terra e falta de braços. Acaba, porém, por favorecer a interpretação mais tradicional, atribuindo a escravidão à escassez da mão-de-obra.

De qualquer maneira, a estrutura da sociedade colonial se basearia na divisão entre latifundiários e escravos. Mesmo assim, entre eles, apareceria um terceiro grupo, uma espécie de plebe rural. Nem senhores, nem escravos mergulhariam nas zonas mais obscuras da sociedade colonial, vegetando como agregados-clientes dos grandes latifundiários. Enquanto a família seria o princípio organizador dos latifúndios, na plebe rural prevaleceria a mancebia. Resultaria também daí sua maior característica: a instabilidade.

Diversos fatores contribuiriam para que houvesse uma verdadeira seleção racial entre esses grupos, os proprietários rurais sendo quase exclusivamente provenientes dos "elementos etnicamente superiores da massa imigrante".[16] Os mestiços, por sua vez, seriam de dois tipos: os mulatos inferiores e os superiores. Esses últimos – com os quais Oliveira Vianna talvez se identificasse –, mais próxi-

---

[16] *Ibid.*, p. 93.

mos aos brancos, poderiam inclusive ajudar na civilização do país. De maneira complementar, o preconceito racial contribuiria para evitar a ascensão social do mestiço inferior. Como conseqüência desse quadro, as classes corresponderiam praticamente a raças: o branco ao senhor; o mestiço ao foreiro; e o negro ao escravo.

No entanto, num sentido mais amplo, haveria a tendência, como outros autores já tinham sugerido, de ocorrer o branqueamento da população brasileira. *Populações meridionais do Brasil* chega a afirmar que "toda a evolução histórica da nossa mentalidade coletiva não tem sido, com efeito, senão um contínuo aperfeiçoamento, através de processos conhecidos de lógica social, dos elementos bárbaros da massa popular à moral ariana, à mentalidade ariana, isto é, ao espírito e ao caráter da raça branca".[17] Dessa maneira, Oliveira Vianna sugere, antes mesmo de Gilberto Freyre, que na mestiçagem, produto do latifúndio, capaz de reunir, num mesmo espaço, elementos das três raças presentes no Brasil, se encontraria a própria gênese da nacionalidade.

Os proprietários rurais se comportariam, além do mais, como chefes de clãs. Para tanto, o medo disseminado por toda população de uma possível situação caótica, a "anarquia branca", serviria para congregá-la em torno deles. Não existiria nenhuma instituição capaz de garantir segurança e tranqüilidade para o homem comum que, assim, só poderia recorrer aos senhores territoriais.

A solidariedade social seria muito restrita, toda atividade colonial restringindo-se praticamente ao latifúndio e ao círculo familiar. Cada fazenda corresponderia a um verdadeiro microcosmo social, estando o associativismo quase inteiramente ausente da vida social.

---

[17] *Ibid.*, p. 108.

Quatro séculos de colônia não teriam sido, assim, capazes de criar de fato uma sociedade no Brasil:

> sem quadros sociais completos; sem classes sociais definidas; sem hierarquia social organizada; sem classe média; sem classe industrial; sem classe comercial; sem classes urbanas em geral – a nossa sociedade rural lembra um vasto e imponente edifício, em arcabouço, incompleto, insólito, com os travejamentos mal ajustados e ainda sem postes firmes de apoio.[18]

Quando se abre o que Oliveira Vianna chama de IV século da história brasileira, os grandes senhores rurais se encontrariam, além de tudo, quase ausentes da administração da colônia, que seria reservada quase exclusivamente a metropolitanos. Seria apenas a transmigração da família real portuguesa que teria posto fim ao isolamento. A nobreza nativa se confrontaria, então, com outros dois grupos: os mercadores portugueses, enriquecidos pela abertura dos portos, e os fidalgos, também lusos, vindos com a família real.

Entre 1808 e 1822, se disputará a primazia política. Os proprietários rurais brasileiros se comportariam como uma aristocracia fundiária plenamente adaptada ao meio, os mercadores portugueses como uma burguesia, que, apesar da origem reinol, já se encontrava no Brasil há algum tempo, e os nobres lusitanos como uma burocracia estranha ao ambiente. A independência representaria a vitória da aristocracia da terra, desenvolvimento que seria inteiramente lógico, já que ela seria a única classe com verdadeira base na sociedade brasileira.

---

[18] *Ibid.*, p. 130.

No entanto, a aristocracia da terra, deixada a si mesmo, seria incapaz de dar início à obra de unificação nacional. Dela não poderia prover solidariedade social, os caudilhos que a comporiam, formando clãs, que lutariam entre si. Como resolver o problema? Se a aristocracia é incapaz, por conta própria, de estabelecer a unidade nacional, ela teria que vir de fora, da Coroa. Isto é, para criar a nação, como assinala Gildo Marçal Brandão, a Coroa como que filtraria os elementos provenientes da nobreza da terra mais capazes de contribuir para a tarefa. Por sua vez, como indica José Murilo de Carvalho, ação desse tipo manteria vivos antigos valores, pois o Estado continuaria a comportar-se de maneira patriarcal.[19]

Portanto, a avaliação de Oliveira Vianna sobre o latifúndio se modifica de acordo com o momento histórico que analisa. Se antes, na colônia, o identifica como principal instrumento para a adaptação do colono português ao ambiente americano, depois da independência, devido à sua maior característica, a auto-suficiência, passa a vê-lo como impedimento mais sério para a tarefa de unificação nacional que então se imporia.

Antes da independência, praticamente não existiria sentimento nacional. Portanto, "os que fundam, em 22, o Império criam menos uma realidade que uma expressão nominal".[20] Apenas a fidelidade ao imperador teria evitado a secessão do Brasil. Por exemplo, nas

---

[19] Ver: Gildo Marçal Brandão, "*Populações meridionais do Brasil*" in Lourenço Dantas Mota, *Introdução ao Brasil: um banquete nos trópicos*, v. ii, São Paulo, Editora Senac, 2002; José Murilo de Carvalho, "A utopia de Oliveira Vianna" in Elide Rugai Bastos e João Quartim de Moraes, *O pensamento de Oliveira Vianna*, Editora da Unicamp, 1993

[20] *Ibid.*, p. 206.

Cortes portuguesas, convocadas depois da revolução liberal de 1820, os deputados brasileiros, como admitiu o futuro regente Diogo Feijó, comportavam-se mais como representantes de suas províncias do que do país. A própria Independência só encontrou apoio mais decidido no centro-sul, no Rio de Janeiro e em São Paulo.

Ou seja, num sentido mais amplo, na luta "entre o localismo e o centro, os caudilhos e a nação",[21] o rei apareceria como elemento regulador de conflitos. A partir do Regresso conservador, em 1837, o debate político se dá inclusive em torno da questão do poder pessoal do imperador.

Enquanto que os liberais defendem a tese de Thiers – o rei reina, mas não governa – os conservadores se identificam com a fórmula de Guizot: o rei reina, governa e administra. Os liberais enxergam aí a violação cabal do princípio parlamentar; Oliveira Vianna considera, porém, que há "uma adaptação genial do instinto europeu ao nosso clima partidário, a melhor garantia da liberdade política num povo, em que, do município à província, da província à nação, domina exclusivamente a política de clã, a política das facções, organizadas em 'partidos'".[22]

Isto é, no Brasil, o poder central, ao invés de ser o grande inimigo das liberdades locais, como o é na Europa, seria o defensor dessas liberdades contra os caudilhos. Nessa perspectiva, a defesa da descentralização, à maneira dos anglo-saxões, como faziam os liberais, seria injustificável, já que favoreceria apenas ao caudilhismo.

Durante o período da Independência, as classes dirigentes americanas teriam privilegiado a questão da liberdade quando deve-

---

[21] *Ibid.*, p. 210.

[22] *Ibid.*, p. 213.

riam ter dado mais atenção ao problema da autoridade. Não teriam procedido de tal maneira devido à influência do exemplo europeu, onde, na verdade, a autoridade teria precedido a liberdade. As constituições do Novo Mundo favoreceriam, entretanto, a liberdade sem que a autoridade estivesse ainda bem estabelecida.

Aqueles que Oliveira Vianna chama de "reacionários audazes" demonstrariam, em contraste, capacidade para compreender as condições americanas, "a diferença substancial entre os fins do Estado na Europa e nas novas nacionalidades americanas".[23] Em poucas palavras, num ambiente em que prevaleceriam tendências centrífugas, teriam tentado estabelecer o espírito público.

Estadistas com tamanhas qualidades surgiriam de maneira quase providencial, principalmente devido à hereditariedade eugênica. De maneira complementar, os mecanismos que a Coroa criou – como o Senado vitalício, o Conselho de Estado permanente e, principalmente, o Poder Moderador – permitiriam selecionar os homens mais capazes para realizar a tarefa de unificação nacional.

Portanto, se na Inglaterra a escola da liberdade teria sido a luta contra uma monarquia de origem estrangeira, violenta e extorsiva, no Brasil tal sentimento apareceria apenas numa minoria, cuja educação refletiria "as influências de meios exóticos, principalmente americanos e ingleses".[24] Ou seja, em realidade, onde não foi preciso lutar contra a opressão, apareceria apenas o sentimento de independência individual e não o de liberdade. Na verdade, o

---

[23] *Ibid.*, p. 277.

[24] *Ibid.*, p. 254.

que prevaleceria no meio brasileiro seria um semi-autoritarismo difuso.

Mas apesar da desorganização prevalecente, não se teria regredido para uma situação de violência generalizada. Uma multiplicidade de fatores teria concorrido para a paz e a tranqüilidade ao longo da história brasileira, destacando-se, entre eles, a índole do povo.

Um dos principais problemas da análise de Oliveira Vianna aparece precisamente na sua discussão da suposta índole do brasileiro. Se antes, ao explicar a colônia, enfatiza uma determinante social, o papel do grande domínio agrário na adaptação ao ambiente americano, agora, na explicação das razões que evitaram que o Brasil caísse numa situação caótica, passa a dar mais atenção a fatores imprecisos, como um pretenso caráter nacional.

Até porque a índole do povo brasileiro seria uma espécie de substrato que permitiria a ação política. Ou melhor, se, para Oliveira Vianna, o ambiente social é o maior desafio à unidade nacional, ainda assim é preciso agir sobre ele, transformá-lo. É o Estado que pode assumir esse papel, moldando a sociedade, como teriam tentado fazer os "reacionários audazes" do Império. Isto é, a análise sociológica de *Populações meridionais do Brasil* e dos outros livros do autor leva paradoxalmente à conclusão de que, em certas condições, a autonomia do Estado deve levar à criação, de maneira voluntarista, da sociedade que se deseja. Isso só seria possível, porém, devido a certas condições prévias, no caso, a índole do povo brasileiro.

INTERPRETAÇÕES

Apesar da acolhida inicial favorável a *Populações meridionais do Brasil*, a recepção do livro e das outras obras do autor foi progressivamente tornando-se mais crítica. Já em 1929, o fundador do Partido Comunista do Brasil (PCB), Astrojildo Pereira, ataca o viés próximo da classe dominante que orientaria a análise de Oliveira Vianna. O jurista fluminense é também um dos principais alvos da crítica ao racismo elaborada por Gilberto Freyre em *Casa-Grande e Senzala*. Já Sérgio Buarque de Holanda argumenta, em artigos posteriormente reunidos em *Tentativas de mitologia*, que teses contidas em obras como *Instituições políticas brasileiras* justificariam certas situações autoritárias vividas pelo Brasil, como o Estado Novo.[25] De certa maneira, a imagem de Oliveira Vianna é de um autor racista e autoritário, cujas posições seriam a expressão mais acabada do reacionarismo da classe dominante brasileira.

No entanto, a recepção da obra do jurista fluminense vai, progressivamente se modificando. Um marco importante da mudança é a realização, em 1991, de um seminário num bastião do pensamento "progressista", a Universidade Estadual de Campinas (Unicamp).[26] Muitas das interpretações a respeito de Oliveira Vianna já não ressaltam seu autoritarismo e racismo, que passam até a ser considerados como residuais na sua análise, e enfatizam,

---

[25] Ver: Gilberto Freyre, *Casa-Grande e Senzala*, Brasília, Editora da UnB, 1963; Sérgio Buarque de Holanda, *Tentativas de mitologia*, São Paulo, Perspectiva, 1979; Astrojildo Pereira, *Interpretações*, Rio de Janeiro, Casa do Estudante do Brasil, 1944.

[26] Trabalhos apresentados no evento são publicados, dois anos depois, num livro pela editora da Universidade.

ao contrário, a perspicácia de seu julgamento sociológico, principalmente ao tratar de certos temas, como a questão agrária.

Mas apesar da recente valorização da obra do autor de *Populações meridionais do Brasil*, continua a subsistir uma viva controvérsia quanto às intenções que a orientam. José Murilo de Carvalho, assim como Wanderley Guilherme dos Santos, considera que Oliveira Vianna, os pensadores autoritários da República Velha e os conservadores do Império, numa postura oposta à Constituição de 1891 e aos liberais, não veriam o Estado como inimigo, mas como aquele que deveria transformar a sociedade, preparando-a para a futura adoção de instituições européias e norte-americanas.[27] Em outras palavras, na mesma orientação que prevaleceu na Europa, os direitos civis deveriam preceder os políticos.

A partir dessas características, Carvalho julga que tanto o visconde do Uruguai como Oliveira Vianna pertenceriam ao que chama de uma família intelectual de longa duração, o autoritarismo instrumental. Numa postura oposta, Bolívar Lamounier critica a noção de autoritarismo instrumental.[28]

Aparecem, porém, diferenças entre os intérpretes mais simpáticos a Oliveira Vianna. Wanderley Guilherme dos Santos sugere que o objetivo perseguido pelo jurista fluminense e por autores próximos seria o de reproduzir no Brasil uma ordem social análoga à européia e à norte-americana. Já outros, como José Murilo de

---

[27] Ver: Carvalho, *op. cit.*; Santos, *Ordem burguesa e liberalismo político, op. cit.* Carvalho, "A utopia de Oliveira Vianna", *op. cit.*

[28] Ver: Lamounier, "Formação de um pensamento autoritário na Primeira República, *op. cit.*

Carvalho e Luiz Werneck Vianna,[29] argumentam que, na verdade, a defesa da ação autoritária do Estado por parte do autor de *Instituições políticas brasileiras* vincula-se a uma atitude iberista. Inspirados principalmente por Richard Morse,[30] caracterizam o iberismo como uma das possíveis respostas à modernidade. Enquanto a Anglo-América teria como que sido fundada pelas revoluções religiosa e científica do século xvi, o mundo ibérico teria praticamente ignorado essa dupla revolução.

Assim, na parte norte do continente, a sociedade seria baseada na idéia de contrato, livre associação dos indivíduos que a compõem, o que contrastaria com a postura organicista dominante na parte sul, de acordo com a qual cada grupo social desempenharia uma função. John Locke seria um autor paradigmático para a Anglo-América, e São Tomás de Aquino, para a Ibero-América. Portanto, mais do que incompatibilidade entre as duas partes do continente americano – protestante e católica –, existiria uma incompreensão mútua entre elas.

Também surgem, contudo, diferenças entre os autores que identificam uma postura iberista em Oliveira Vianna. Luiz Werneck Vianna fala num "iberismo instrumental", que procuraria fazer com que o Brasil acabasse por encontrar a "cultura política anglo-saxônica", enquanto José Murilo de Carvalho insiste em que o modelo de sociedade do autor de *Populações meridionais do Brasil* "não era o do capitalismo industrial". Isto é, os valores desse católico, filho e neto de fazendeiros, seriam pré-capitalistas.

---

[29] Ver: Luiz Werneck Vianna, "Americanistas e iberistas: a polêmica de Oliveira Vianna e Tavares Brastos" in Bastos e Moraes, *op. cit.*

[30] Ver: Richard Morse, *O espelho de Próspero*, São Paulo, Companhia das Letras, 1988.

No entanto, os dois autores concordam em que a postura básica de Oliveira Vianna seria pragmática. Mesmo que seus valores fossem pré-capitalistas, teria percebido que o mundo se transformava rapidamente. O seu problema teria passado a ser, a partir daí, o de como conservar, na nova situação, características da sociedade antiga; harmônica, incorporadora e cooperativa.

O mais importante nessa controvérsia a respeito de Oliveira Vianna e, na verdade, a propósito também do pensamento autoritário da República Velha e do pensamento conservador do Império talvez seja simplesmente deixar claro que se é relativamente fácil pôr-se de acordo em relação aos instrumentos de ação política preconizados por essa tradição política, o mesmo não ocorre com os valores que a orientam. Em boa parte, por isso, *Populações meridionais do Brasil* é um livro que continua a intrigar.

Indicações de leitura

Informações sobre a biografia de Oliveira Vianna podem ser obtidas no livro de João Batista de Vasconcelos Torres, *Oliveira Vianna, sua vida e sua posição nos estudos brasileiros de sociologia*, que foi publicado, em 1956, pela Editora Freitas Bastos.

Representativa da postura mais crítica em relação ao jurista fluminense são as observações a seu respeito formuladas por José Honório Rodrigues em *História da história do Brasil*, da Editora Nacional, livro que pode ser encontrado em edição recente, de 1988.

Boa parte dos mais importantes trabalhos sobre o autor estão na coletânea organizada, em 1993, por Elide Rugai Bastos e João Quartim de Moraes para a Editora da Unicamp, *O pensamento de Oli-*

veira Vianna. Entre eles, são especialmente interessantes: "A utopia de Oliveira Vianna", de José Murilo de Carvalho, e "Americanistas e iberistas: a polêmica de Oliveira Vianna e Tavares Bastos", de Luiz Werneck Vianna. Os dois ensaios prestam atenção especialmente à questão dos valores que orientariam o pensamento do autor, Carvalho identificando-os com o "iberismo", e Werneck Vianna, com o que chama de "iberismo instrumental". Os artigos também apareceram em antologia dos autores: o de Carvalho, em *Pontos e bordados*, livro da Editora UFMG, de 1999, e o de Werneck Vianna, em *A revolução passiva no Brasil*, publicado, em 1997, pela Editora Revan.

Uma boa apresentação a *Populações meridionais do Brasil* é o artigo de Gildo Marçal Brandão sobre o livro, que apareceu em 2002, no segundo volume da coletânea organizada por Lourenço Dantas Mota para a Editora Senac, *Introdução ao Brasil: um banquete nos trópicos*. Também a introdução que Carvalho fez a *Populações meridionais do Brasil* para a coleção Intérpretes do Brasil, organizada, em 2000, por Silvano Santiago para a Editora Nova Aguilar, é bastante sugestiva, trazendo informações a respeito dos autores estrangeiros que influenciaram Oliveira Vianna. Já Nilo Odalia, em *As formas do mesmo*, publicado, em 1997, pela Editora da Unesp, aponta para continuidades entre Oliveira Vianna e a historiografia brasileira do século XIX.

Capítulo III

Gilberto Freyre

GILBERTO FREYRE nasce em Recife, em 1900. Tanto por parte de mãe como de pai descende de famílias patrícias de Pernambuco. Jovem, conhece o diplomata e historiador Oliveira Lima, o que se revela posteriormente central para a realização de contatos no Brasil e no exterior.

Estuda no Colégio Americano de Recife e, por sugestão de Oliveira Lima, realiza seus estudos superiores nos EUA – graduação no Baylor College, no Texas, e mestrado na Universidade de Columbia. Na pós-graduação, é aluno do antropólogo Franz Boas, judeu alemão que questiona a ênfase que a antropologia de então atribui à raça e ao meio ambiente. Ou melhor, acredita que esses fatores não devem ser entendidos de maneira determinista, mas em função da cultura dos grupos humanos. De maneira significativa para sua obra posterior, Freyre, na sua dissertação de mestrado, *A vida social no Brasil em meados do século XIX*, escolhe estudar um período de transição entre o que tinha sido uma sociedade tradicional, a colônia, e uma mais moderna, o Brasil do pós-independência.

Os anos no exterior são centrais para o jovem. Não apenas pelo que aprende na universidade norte-americana, mas também pelo estímulo decorrente da experiência de, fora do Brasil, procurar entender seu país. Talvez não seja mero acaso, como sugere Fernando Henrique Cardoso, que alguns dos mais importantes livros de interpretação do Brasil, como *Casa-Grande e Senzala*, *Raízes do Brasil* e *Formação do Brasil contemporâneo: colônia*, terem sido escritos, ou, em grande parte, motivados por estadias longe do país de seus autores[1]. No mesmo sentido, um outro latino-americano, o marxista José Carlos Mariátegui, afirma que foi na Europa que realmente se deu conta de que era peruano.[2]

De volta ao Brasil, o sociólogo pernambucano é um dos principais animadores do Movimento Regionalista do Nordeste, para o qual escreve, em 1926, seu manifesto. Participaram do Movimento escritores como José Américo Dias, José Lins do Rego e Rachel de Queiroz, cujos romances têm considerável impacto nos anos vinte e trinta. É possível considerar que, diferente da versão paulista, essa vertente do modernismo, desenvolvida numa região não tão tocada pela industrialização e a urbanização, valoriza mais a tradição e nutre certa hostilidade pelo cosmopolitismo.

Também durante os anos vinte, Gilberto Freyre trabalha como secretário do governador de Pernambuco, Estácio Coimbra, seu primo. Com a Revolução de 1930, acompanha-o no exílio português. Assim, num certo sentido, *Casa-Grande e Senzala* relaciona-se diretamente com a Revolução de 1930. Não só, como indica Anto-

---

[1] Ver: Fernando Henrique Cardoso, "Livros que inventaram o Brasil" in *Novos Estudos Cebrap*, n. 37, 1993.

[2] Sobre a relação de Freyre com o Movimento Regionalista do Nordeste, ver: Moema D'Andrea, *A tradição re(des)coberta*, Campinas, Editora da Unicamp, 1992.

nio Candido, devido ao clima de renovação do país que converge para esse acontecimento, mas também pela própria situação que vive seu autor.[3]

Talvez até mais importante, a partir da Revolução de 1930, o mundo rural e aristocrático que Freyre tenta trazer de volta, nem que seja pela recordação, desaparece definitivamente. Mas, num sentido diferente, é possível, considerar, como Elide Rugai Bastos, que o sociólogo pernambucano, apesar de seu saudosismo aparentemente até antipolítico, é o principal ideólogo da modernização conservadora brasileira, isto é, do processo de transformação social sem ruptura com o passado que o país passa a viver a partir de 1930.[4]

Certas iniciativas do novo governo, como a criação do Serviço de Patrimônio Histórico e Artístico Nacional (SPHAN), que tem a atribuição de proteger monumentos históricos, combinam-se claramente com preocupações presentes em *Casa-Grande e Senzala*. Na verdade, a valorização mais forte do passado já aparece com o modernismo, que rompe com a atitude, presente desde a Independência, de desconsiderar tudo que lembra o período colonial. Além do mais, o regime varguista também ajuda a promover, por vezes por meio do famigerado Departamento de Imprensa e Propaganda (DIP), manifestações da cultura popular, muitas de origem africana, como o samba. Já antes, nos anos vinte, certos modernistas, como

---

[3] Ver: Antonio Candido, "O sentido de *Raízes do Brasil*" in Sérgio Buarque de Holanda, *Raízes do Brasil*, Rio de Janeiro, Livraria José Olympio Editora, 1978.

[4] Ver: Elide Rugai Bastos, "A questão nacional em Gilberto Freyre" in Ricardo Antunes, Vera Ferrante e Reginaldo Moraes, *A inteligência brasileira*, São Paulo, Editora Brasiliense, 1986; *As criaturas de Prometeu*: São Paulo, Global, 2006.

Gilberto Freyre e Sérgio Buarque de Holanda, "sobem ao morro" para encontrarem sambistas como Donga e Sinhô, numa espécie de "ida ao povo", comparável, até certo ponto, à dos populistas russos no século XIX.

Nessa referência, é possível enxergar, como também sugere Antonio Candido, a ocorrência, durante a década de trinta, de uma "rotinização" do modernismo.[5] Depois da iconoclastia dos anos vinte, trata-se de realizar trabalhos de certa maneira mais tranqüilos, que, para além da estética, passam a ter um caráter mais abertamente político. Num outro sentido, a crise da época estimula igualmente a reavaliação do passado do país, contribuindo para a edição de livros sobre o Brasil, em coleções, como a Brasiliana, publicada pela Companhia Editora Nacional, e a Documentos Brasileiros, da Editora José Olympio, da qual Freye se torna editor.

Antes, no exílio, o convite para ser professor-visitante na Universidade de Stanford retira o jovem sociólogo da relativa pobreza e, junto com uma viagem pelo Velho Sul dos EUA, realizada com antigos colegas de Columbia estudiosos da escravidão, abre caminho para a realização de *Casa-Grande e Senzala*.

No Prefácio do livro, Freyre evoca Franz Boas, "a figura de mestre de que me ficou até hoje maior impressão". Depois, volta o foco sobre si, afirmando: "creio que nenhum estudante russo, dos românticos, do século XIX, preocupou-se mais intensamente pelos destinos da Rússia do que eu pelos do Brasil na fase em que conheci Boas". O passo seguinte é alargar o foco: "era como se tudo

---

[5] Ver: Candido, "A Revolução de 1930 e a cultura" in *A educação pela noite*, São Paulo, Ática, 1989. Ver também: João Luiz Lafetá, *1930: a crítica e o modernismo*, São Paulo, Duas Cidades, 2000.

dependesse de mim e os de minha geração; da nossa maneira de resolver questões seculares". Ou seja, confessa que a preocupação não é só sua, mas de toda uma geração. Finalmente, esclarece: "e dos problemas brasileiros nenhum que me inquietasse tanto como o da miscigenação".[6]

Aí também a preocupação não se restringe a Freyre. Na verdade, há um bom tempo, a miscigenação era tomada como a principal característica brasileira, aparecendo como tema importante de autores tão diferentes como José Bonifácio, José de Alencar, Sylvio Romero e Oliveira Vianna. Mais especificamente, desde o final do século XIX, por influência das correntes intelectuais da época, como o evolucionismo, a mestiçagem é vista de forma negativa. O que fazer, então, com um povo como o brasileiro, majoritariamente mestiço?

Esse é o problema de *Casa-Grande e Senzala* e de Freyre. Não por acaso, como reconhecem boa parte dos que estudaram sua obra, o momento seguinte do Prefácio é central para a estratégia narrativa do autor. Seguindo o que chama de seu "método introspectivo", recorda:

> vi uma vez, depois de mais de três anos maciços de ausência do Brasil, um bando de marinheiros nacionais – mulatos e cafuzos – descendo não me lembro se do São Paulo ou do Minas pela neve mole de Brooklyn. Deram-me a impressão de caricaturas de homens. E veio-me à lembrança a frase de um livro de um viajante americano: 'the fearfully mongrel aspect of most of the population'.

---

[6] Gilberto Freyre, Casa-Grande e Senzala, *op. cit.*, p. 5

A miscigenação resultava naquilo. Faltou quem me dissesse então, como em 1929 Roquette-Pinto aos arianistas do Congresso Brasileiro de Eugenia, que não eram simplesmente mulatos ou cafuzos os indivíduos que eu julgava representarem o Brasil, mas cafuzos e mulatos doentes".[7]

Boa parte de *Casa-Grande e Senzala*, ou melhor, dos motivos para sua enorme repercussão, estão aqui; a confissão da postura originalmente racista do autor, que não deixa de ligá-lo ao leitor, já que tal atitude era partilhada por praticamente todo brasileiro culto da época, e a revelação de que os "marinheiros nacionais – mulatos e cafuzos" que o horrorizaram e "julgava representarem o Brasil [...] não eram simplesmente mulatos ou cafuzos [...] mas cafuzos e mulatos doentes". Explica-se também por esse trecho a referência ao fundador da antropologia cultural norte-americana, já que teria sido "o estudo da Antropologia sob a orientação de Boas" que teria revelado a Freyre a diferença entre raça e cultura, o que é normalmente tomado como uma das razões, senão a maior, do impacto da obra de estréia do sociólogo pernambucano.

Isto é, com essa operação, de substituição da categoria de raça pela de cultura, *Casa-Grande e Senzala* e os demais livros de seu autor poderiam, em chave diversa da maior parte das interpretações anteriores e mesmo posteriores do Brasil, fornecer uma avaliação mais positiva da história brasileira. A partir daí, os brasileiros também encontrariam motivos para serem otimistas a respeito do futuro do seu país.

---

[7] *Ibid.*

Na verdade, Freyre não abandona o conceito de raça, que utiliza conjuntamente com o de cultura. A interpretação de sua obra complica-se ainda mais se levarmos em conta que, conforme aponta Luiz Costa Lima, ele trabalha também, em pé de igualdade, com certas categorias ligadas ao meio ambiente, como o clima.[8] Segundo o crítico, a noção de ambiente é inclusive a chave para se entender a relação entre raça e cultura em *Casa-Grande e Senzala*. Isso porque o autor teria uma noção neolamarckista de raça, em que ela apareceria como sinônimo de caracteres adquiridos pelos homens ao se adaptarem ao meio. Dessa maneira, a raça surgiria diretamente relacionada à cultura, sugerindo a maior perenidade de certas características presentes entre os grupos humanos.

De qualquer forma, o principal terreno para que a mestiçagem tivesse ocorrido teria sido, segundo Freyre, a família patriarcal. Assim, três anos depois de *Casa-Grande e Senzala*, em *Sobrados e mocambos*, continua a análise da família patriarcal brasileira, tratando não mais de sua formação, durante a Colônia, mas de sua decadência, ao longo do Império, o que se deveria principalmente à urbanização. Em 1959, o estudo da família patriarcal continua com *Ordem e progresso*, que estuda a República. O estudo do patriarcalismo não chega, porém, a completar-se com *Jazigo e covas rasas*, que deveria analisar como esse tipo de família lida com a morte, e que nunca veio à luz. Também na década de trinta, publica outro livro importante, *Nordeste*.

Já nos anos quarenta, com a redemocratização, Gilberto Freyre é eleito deputado na chapa da União Democrática Nacional (UDN),

---

[8] Ver: Luiz Costa Lima, "A versão solar do patriarcalismo: *Casa-Grande e Senzala*" in *Aguarrás do Tempo*, Rio de Janeiro, Rocco, 1989.

que congrega então a oposição à ditadura do Estado Novo. Daí em diante terá uma atuação cada vez mais conservadora. O regime salazarista português chega a utilizar as teses do sociólogo pernambucano para justificar seu colonialismo, sendo instrumento especialmente adequado para isso o livro *O mundo que o português criou*. Morre em 1987.

CASA-GRANDE E SENZALA

As relações do branco com as demais raças no Brasil teriam sido condicionadas sobretudo pela monocultura latifundiária e a falta de mulheres de sua raça. O primeiro fator teria exercido influência no sentido aristocratizante, levando à nítida separação entre senhores e escravos, enquanto a falta de mulheres brancas teria criado "zonas de confraternização entre vencedores e vencidos",[9] num sentido de democratização social.

Já aí aparece o grande tema de *Casa-Grande e Senzala* e de Gilberto Freyre: o Brasil seria marcado pelo equilíbrio de antagonismos: "a cultura européia e a indígena. A européia e a africana. [...] A economia agrária e a pastoril. [...] O jesuíta e o fazendeiro [...] mas predominando sobre todos os antagonismos, o mais geral e o mais profundo: o senhor e o escravo".[10]

Não sem motivo, boa parte dos intérpretes ressaltaram como Freyre opera constantemente com pares antagônicos, que não chegam, porém, a se chocar. Operação essa que foi aprendida ne-

---

[9] Freyre, *op. cit.*, p. 7.

[10] *Ibid.*, p. 116.

gativamente por Carlos Guilherme Mota, para o qual, ao esvaziar a contradição, os conflitos seriam encobertos. Por outro lado, Ricardo Benzaquen de Araújo viu aí boa parte da riqueza e da abertura do sociólogo pernambucano, que apontaria para uma totalidade sem síntese, a existência de contradições sem mediação.[11]

Talvez o melhor exemplo das vantagens que o equilíbrio de antagonismos oferece, de acordo com o sociólogo pernambucano, se encontre na análise de uma questão aparentemente menor, o modo como o brasileiro coloca pronomes. Ao passo que o português só admitiria uma maneira de empregar pronomes, depois do verbo, o brasileiro teria criado uma nova, colocando-os também antes do verbo.

Essas duas formas de empregar pronomes não deixariam de expressar atitudes diferentes. A portuguesa seria dura e imperativa: "*diga-me, faça-me, espere-me*". Já a brasileira – "*me diga, me faça, me espere*" – [12] seria doce, sugerindo algo como um pedido. O português usado do Brasil não se furtaria, além de tudo, de fazer uso das duas possibilidades.

Essas maneiras de colocar pronomes não deixariam de expressar situações sociais distintas: "'faça-me', é o senhor falando; o pai; o patriarca; 'me dê', é o escravo, a mulher, o filho, a mucama". Ou seja, o modo brasileiro de empregar pronomes refletiria a própria posição em que se encontrariam na casa grande os submetidos ao poder absoluto do senhor. De "maneira filial e meio dengosa" procurariam

---

[11] Ver: Ricardo Benzaquen Araújo, *Guerra e paz: Casa-Grande e Senzala e a obra de Gilberto Freyre nos anos 30*, Rio de Janeiro, Editora 34, 1994; Carlos Guilherme Mota, *Ideologia da cultura brasileira (1933 – 1974)*, São Paulo, Editora Ática, 1977.

[12] Freyre, *op. cit.*, p. 377.

chamar a atenção do *pater familias*. Já o "'faça-me isso', 'dê-me aquilo'", do senhor, como expressão de ordem imperativa ou autoritária, teria assumido, ao longo do tempo, um ranço antipático.

Mais importante, "a força, ou antes, a potencialidade da cultura brasileira parece-nos residir toda na riqueza dos antagonismos equilibrados". No caso específico dos pronomes, deixar de empregá-los, numa forma ou outra, traria um inquestionável empobrecimento para a língua, privando-a de maneiras variadas de expressar sentimentos e idéias. Além do mais, diferente do anglo-americano, essas duas maneiras de ser, "a branca e a preta; o ex-senhor e o ex-escravo", não seriam inimigas. Ao contrário, seríamos "duas metades confraternizantes que se vêm mutuamente enriquecendo de valores e experiências diversas".[13]

Para além dos pronomes, em termos mais amplos, o equilíbrio de antagonismos presente na casa grande complementada pela senzala, teria formado no Brasil

> todo um sistema econômico, social, político: de produção (a monocultura latifundiária); de trabalho (a escravidão); de transporte (o carro de boi, o bangüê, a rede, o cavalo); de religião (o catolicismo de família, com capelão subordinado ao *pater famílias,* culto dos mortos, etc.); de vida sexual e de família (o patriarcalismo polígamo); de higiene do corpo e da casa (o 'tigre', a touceira de bananeira, o banho de rio, o banho de gamela, o banho de assento, o lava-pés), de política (o compadrismo).

A casa grande seria um pequeno mundo auto-suficiente, funcionando como "fortaleza, capela, escola, oficina, santa casa, harém, convento de moça, hospedaria, [...] banco".[14] Seu predomínio

---

[13] *Ibid.*, p. 378.

[14] *Ibid.*, p. 15.

permitiria até vincular a experiência colonial ao feudalismo. Ou melhor, o sistema de grande plantação seria misto, convivendo nele elementos capitalistas, relacionados com sua orientação comercial, e formas sociais assimiláveis ao feudalismo, ligadas à sua auto-suficiência.

O *pater familias* brasileiro, como seu similar da Antiguidade Clássica, seria todo-poderoso; por outro lado, não buscaria a vida ativa, mas do mesmo modo que o indivíduo do capitalismo moderno, a proteção de sua propriedade. Ou seja, a posição de nosso senhor diante da propriedade e da política é, de certa forma, híbrida em relação a Aristóteles e a John Locke. Como o grego, tem poder absoluto sobre sua propriedade, inclusive escravos, mas não a entende como condição para a participação na política, ao libertá-lo de suas necessidades imediatas e possibilitar que trate dos negócios comuns da cidade. Na verdade, mais como o inglês, vê a política como subordinada à propriedade, a sociedade civil existindo para garantir a conservação da vida, liberdade e bens.

Ninguém poderia opor resistência à família patriarcal a não ser os padres da Companhia de Jesus. Eles desejariam impor, como no Paraguai, o poder temporal da Igreja Católica. Essa não seria, porém, a religião predominante na colônia, uma vez que, nos engenhos, os capelães se deixariam submeter aos mandos e desmandos dos senhores. Desenvolver-se-ia, dessa maneira, uma forma de cristianismo doméstico, onde seria notável a intimidade com os santos, a Virgem e o próprio menino Jesus. Esse tipo de religião chegaria a lembrar o culto da família dos antigos gregos e romanos.

De maneira complementar, a unidade de colonização do Brasil teria sido "a família, não o indivíduo, nem tampouco o Estado nem nenhuma Companhia de Comércio".[15] Ou seja, a colonização da América pelo português seria fundamentalmente diferente da realizada pelo inglês na parte norte do continente, onde o indivíduo teve papel preponderante; também da colonização feita pelo espanhol, na qual o Estado foi fundamental; e da holandesa, cujo móvel principal foram as companhias de comércio. Em termos de interpretação do Brasil, a análise de Freyre, ao atribuir a primazia da família na colonização, se distancia da de Sérgio Buarque de Holanda, que destaca o papel do indivíduo aventureiro, da de Raymundo Faoro, que privilegia o Estado, e, de certa forma, da de Caio Prado Jr., que enfatiza sua orientação comercial.

Pode-se, entretanto, objetar que a caracterização da família patriarcal realizada por Freyre restringe-se à sua região de origem, o Nordeste açucareiro, no qual se concentram os exemplos de *Casa-Grande e Senzala*. O autor não aceita, todavia, o argumento, lembrando que esse tipo de família reapareceu em outras situações, inclusive na São Paulo do café.

Ou seja, o patriarcalismo não seria fenômeno geográfico, mas social, criado pelo latifúndio monocultor e a escravidão. A força desse sistema seria tal que, para além do Brasil, ele surgiria em outros ambientes, como as Antilhas e o sul dos EUA, em que prevaleceu a monocultura latifundiária trabalhada pelo braço escravo.

No nosso caso específico, Gilberto Freyre sugere que o patriarcalismo, existindo de norte a sul, é o que daria unidade ao país. Essa não deixa de ser, porém, uma unidade frágil, já que, como indicara Oliveira Vianna, a solidariedade dos latifúndios volta-se para dentro de cada um deles, que como que se bastam. No entanto, chocar-

---

[15] *Ibid.*, p. 83.

se-ia com a orientação predominante no latifúndio a tendência de grande mobilidade, presente entre paulistas e jesuítas. Apesar dessa tendência trazer um perigo de dispersão, Freyre julga que seu efeito foi positivo e, de certa forma, complementar ao latifúndio, contribuindo para a difícil unificação brasileira.

De qualquer maneira, o patriarcalismo tornaria possível falar na existência de uma cultura brasileira, não simples prolongamento da européia, mas algo próprio e distinto, relacionado com o tipo de ambiente que o colonizador encontrou na América. A própria casa grande seria expressão da adaptação ao ambiente americano. Por intermédio dela e de outras iniciativas similares o português se tornaria até alguém diferente, um luso-brasileiro.

Nisso, a experiência brasileira se diferenciaria da norte-americana e da argentina, que não teriam sido capazes de criar algo original, distinto da Europa. Por outro lado, a adaptação do português ao ambiente americano não deixaria de estar vinculada a um sistema mais amplo, que Freyre denomina de luso-tropical.

Num sentido inverso, o sociólogo pernambucano insiste em que a história social da casa grande tem muito a ver com sua história íntima, como a de boa parte dos brasileiros. Vai mesmo além, sugerindo, num tom proustiano, que ao estudar "a vida doméstica dos antepassados sentimo-nos aos poucos nos completar: é outro meio de procurar-se o 'tempo perdido'".[16]

Não se deve, entretanto, deixar-se levar e acreditar que o retrato da família patriarcal traçado por Gilberto Freyre abarque o conjunto da população brasileira. Como o próprio autor admite, seu objeto foram os "grandes agricultores", servindo-se das culturas

---

[16] *Ibid.*, p. 21.

indígena e africana "aqueles elementos que foram absorvidos pelo tipo de colonização agrário-patriarcal".[17] No entanto, de maneira mais acadêmica, o sociólogo pernambucano também esclarece que seu livro de estréia é um ensaio de sociologia genética e de história social.

A colonização do Brasil pelo português teria sido facilitada por ser esse um "povo indefinido entre a Europa e a África". Já na "bicontinentalidade" do colonizador aparece o tema do equilíbrio dos antagonismos, tão central para Freyre. A bicontinentalidade nos povos, "dualismo de raça e de cultura",[18] equivaleria ao que seria a bissexualidade nos indivíduos. Mais importante, o português poderia, por meio dela, reunir dentro de si contrastes difíceis de encontrar em outros povos.

A indefinição apareceria também no tipo físico do português, muitas vezes, "homens morenos de cabelo louro",[19] isto é, mestiços, bem diferentes dos dólico-louros discutidos por Oliveira Vianna. Essa situação também estaria internalizada nos traços psicológicos dos colonizadores do Brasil, que seriam uma espécie de povo indeciso.

Portugal teria se deixado influenciar, já no passado, por mouros e judeus. Os traços deixados pela conquista moura, em particular, são os que teriam deixado marcas mais profundas. A própria "doçura no tratamento dos escravos",[20] que tanto diferenciaria o Brasil de outros países em que houve escravidão, seria uma herança

---

[17] Ibid., p. 37.
[18] Ibid., p. 71.
[19] Ibid., p. 259.
[20] Ibid., p. 274.

dos antigos invasores da Península Ibérica. A partir dela, se abriria caminho para a adoção da colonização patriarcal. Já a orientação burguesa e cosmopolita da monarquia portuguesa e não agrária e guerreira estaria relacionada à influência judaica.

A própria vitória sobre mouros e judeus não teria um impacto negativo e mais profundo em Portugal. Prova disso seria que os nomes de família portugueses dificilmente serviriam para identificar a origem étnica e social de seus portadores. Ou seja, a nobreza não teria se tornado uma aristocracia fechada, sendo o reino lusitano um dos países de maior mobilidade social entre os modernos.

Todas essas características, raciais, culturais e sociais, tornariam o português um povo de grande plasticidade social. Portanto, estaria particularmente apto para realizar a obra de colonização.

A falta de homens brancos que pudessem realizar o trabalho exigido nas colônias teria sido compensada pela mobilidade do colonizador e, principalmente, sua miscibilidade. Tal tendência possibilitaria que uns poucos homens brancos minorassem o problema da ausência de braços, "fazendo filhos" nas mulheres índias e negras.

Além do mais, a ausência, entre os portugueses, de preocupação com a pureza de raça, já que sua inquietação se relacionaria sobretudo à manutenção da fé, abriria caminho para a miscigenação. A partir daí, teria começado a formar-se o brasileiro, mestiço plenamente adaptado ao trópico. Mas, junto com a miscigenação, também viria a sífilis, sendo comum "dizer-se que a civilização e a sifilização andam juntas".[21]

---

[21] *Ibid.*, p. 110.

O mais importante, para Gilberto Freyre, é, porém, que as relações de raça no Brasil seriam relativamente harmônicas. Num "ambiente de quase reciprocidade" haveria o "máximo de aproveitamento dos valores e experiências dos povos atrasados pelo adiantado", o "máximo de contemporização da cultura adventícia com a nativa, a do conquistador com a do conquistado".[22]

Freyre chega mesmo a afirmar que, entre os brasileiros, os escravos foram "mais gente de casa do que besta de trabalho".[23] Compara a condição deles, como era comum no Império, com a dos operários das nações industrializadas. Mais especificamente, o amparo que o patriarcalismo ofereceria aos escravos, protegendo-os na doença e na velhice, tornaria sua situação melhor do que a dos empregados fabris. Esse quadro contribuiria para a avaliação de que "todo o brasileiro, mesmo o alvo, de cabelo louro, traz na alma e no corpo [...] a sombra, ou pelo menos a pinta, do indígena ou do negro".[24]

Gilberto Freyre não deixa, porém, de ressaltar que, na situação de equilíbrio de antagonismos que marcaria o Brasil, também o sadismo seria comum na relação de senhores e escravos, narrando casos de

> sinhás moças que mandavam arrancar os olhos de mucamas bonitas e traze-los à presença do marido, à hora da sobremesa, dentro da compoteira de doce e boiando de sangue ainda fresco. Baronesas já de idade que por ciúme ou despeito mandavam vender mulatinhas de quinze anos a velhos libertinos. Outras que espatifavam a salto de botina dentaduras

---

[22] *Ibid.*, p. 151.

[23] *Ibid.*, p. 274.

[24] *Ibid.*, p. 331.

de escravos; ou mandavam cortar os peitos, arrancar as unhas, queimar a cara ou as orelhas.[25]

De qualquer maneira, a influência principal, entre as culturas vencidas na colonização do Brasil, seria a do africano, já que o índio se encontraria numa situação de relativo atraso cultural. Além de tudo, sua utilização como trabalhador agrícola entraria em choque com seu modo de vida tradicional, principalmente devido à passagem do nomadismo para a vida sedentária. Assim, a influência do indígena se faria sentir principalmente na "parte por assim dizer feminina"[26] da cultura do brasileiro. Mesmo assim, a educação das crianças, uma série de alimentos, como a mandioca e o milho, e hábitos, como o banho e o uso de rede, seriam herança direta do primeiro habitante da América.

As necessidades do trabalho agrícola levariam, em compensação, a se recorrer ao negro, em "estádio de cultura superior".[27] A partir daí, se converteria mesmo no "mais plástico colaborador do branco na obra de colonização agrária",[28] desempenhando inclusive um papel de colonizador, em que europeizaria indígenas. Esse desenvolvimento teria sido facilitado porque, em contraste com os EUA, negros de raça superior teriam sido importados no Brasil.

Freyre nota, além do mais, como é quase impossível distinguir o negro do escravo. Na verdade, porém, muitas das características negativas atribuídas aos primeiros seriam resultado da escravidão,

---

[25] Ibid., p. 380.
[26] Ibid., p. 216.
[27] Ibid., p. 216.
[28] Ibid., p. 336.

que também vitimaria o senhor, jogando os dois no mesmo sistema degradante.

Em particular, as relações entre portugueses e índios e entre portugueses e negros, ou melhor, entre senhores-homens e escravas-mulheres seriam marcadas pelo sadismo dos primeiros e masoquismo das últimas. Ou seja, a proximidade, inclusive, ou principalmente, sexual, não se daria de maneira igualitária, mas como expressão da condição social dos envolvidos com ela. Uns, os senhores, submeteriam as outras, as escravas, a seus caprichos. Dessa maneira, o sadismo e o masoquismo da relação entre senhor e escrava se faria sentir para além dela, inclusive na política, onde o mandonismo sempre encontraria quem estivesse disposto a submeter-se a ele.

De qualquer maneira, o equilíbrio de antagonismos, que marcaria a colonização portuguesa, teria criado algo novo e original: "a primeira sociedade moderna constituída nos trópicos".[29] Isto é, se teria formado não uma simples feitoria, mas uma organização social que deixou marca de permanência.

Interpretações

Quando se trata da relação de Gilberto Freyre com Oliveira Vianna, o que normalmente mais chama a atenção é o contraste de suas posturas diante da questão racial. Em poucas palavras, a obra do mais velho seria uma das expressões mais acabadas de racismo no pensamento brasileiro, postura que o mais moço teria ajudado a superar.

---

[29] *Ibid.*, p. 77.

Essa avaliação deixa, contudo, de perceber relevantes aproximações entre os dois autores. Em especial, a importância que atribuem ao problema da adaptação do colono português ao ambiente americano, o que foi estimulado em *Populações meridionais do Brasil* principalmente pela influência da escola sociológica de Le Play, e em *Casa-Grande e Senzala*, pela referência ao neo-lamarkismo. A partir daí, ambos dão grande peso ao latifúndio e à família patriarcal no desenvolvimento da sociedade brasileira.

No entanto, não são exatamente coincidentes as avaliações que oferecem sobre o latifúndio e as formas de sociabilidade prevalecentes no país. Essas divergências dificultam até a caracterização do conservadorismo de Oliveira Vianna e de Gilberto Freyre.

Em relação ao jurista fluminense, se não há muita dúvida quanto aos instrumentos autoritários que privilegia, existe, como vimos, uma viva controvérsia sobre os valores que o orientariam. Alguns intérpretes, como José Murilo de Carvalho e Luiz Werneck Vianna, sugerem inclusive que, ao defender um Estado forte, capaz de entrar em conflito com o latifúndio, Oliveira Vianna desejaria preservar certas características, como o patriarcalismo, que correriam risco em meio à modernização da sociedade. Já outros autores, como Wanderley Guilherme dos Santos, insistem em que o que o jurista fluminense visava era chegar à ordem social burguesa prevalecente nos EUA e na Europa.[30]

De maneira contrastante, não há muita dúvida de que Gilberto Freyre valoriza o passado colonial, período de apogeu do latifúndio

---

[30] Ver: Carvalho, "A utopia de Oliveira Vianna", *op. cit.*; Santos, *Ordem burguesa e liberalismo politico*, op. cit.; Vianna, *Populações meridionais do Brasil*, op. cit.

e do patriarcalismo, que correria risco devido a algumas transformações, em especial, a urbanização, impulsionada desde o século XIX. Nesse sentido, o autor de *Casa-Grande e Senzala* afasta-se da linha dominante no pensamento brasileiro e latino-americano que, conforme nota o filósofo mexicano Leopoldo Zea, vê o passado basicamente como obstáculo a ser superado.[31] Mas se difere da maior parte dos autores brasileiros e latino-americanos, Freyre, em compensação, aproxima-se da atitude dominante no conservadorismo moderno que, desde Edmund Burke, considera que a associação que liga os homens não é só entre os vivos, mas com "os vivos, os mortos e os que irão nascer".[32]

Mesmo assim, o conservadorismo não foi o que mais chamou a atenção em *Casa-Grande e Senzala* quando o livro foi publicado. Indicação disso é o Prefácio que Antonio Candido escreve para a quinta edição de *Raízes do Brasil*. Nele, o crítico revela que os moços de sua geração – aqueles que saíam do colégio e entravam na faculdade entre os anos trinta e quarenta – foram marcados principalmente por três livros: *Casa-Grande e Senzala* (1933), *Raízes do Brasil* (1936) e *Formação do Brasil contemporâneo: colônia* (1942).[33]

O primeiro trabalho teria importância sobretudo por ter chamado a atenção para a contribuição do escravo sobre aquilo que o brasileiro é de mais íntimo, ajudando a libertar, de alguma maneira, seus leitores do racismo ainda predominante no ambiente intelectual da época. Além de tudo, a "preocupação do autor com

---

[31] Ver: Leopoldo Zea, *El pensamiento latino-americano*, Barcelona, Editorial Ariel, 1976.

[32] Edmund Burke, *Reflexões sobre a Revolução em França*, Brasília, Editora da UnB, 1981.

[33] Ver: Candido, *op. cit*. Ver também: Edson Nery da Fonseca, *Casa-Grande e Senzala e a crítica brasileira de 1933 a 1944*, Recife, Companhia Editora de Pernambuco, 1985.

problemas de fundo biológico (raça, aspectos sexuais da vida familiar, equilíbrio ecológico, alimentação)"[34] funcionaria como uma ponte com as interpretações anteriores do Brasil.

No entanto, poucos anos depois, Florestan Fernandes e seus discípulos passaram a entender *Casa-Grande e Senzala* e os outros livros do autor de forma distinta. Na verdade, a principal inspiração da chamada Escola Paulista de Sociologia foi, em boa parte dos seus trabalhos, desmentir a ideologia da democracia racial, cujo maior inspirador teria sido Gilberto Freyre.

Ironicamente, o impulso inicial para a crítica proveio de um projeto acadêmico, patrocinado pela Organização das Nações Unidas para a Educação, Ciência e Cultura (Unesco), que visava justamente provar a correção das teses de Freyre sobre o caráter das relações raciais no Brasil. No entanto, a pesquisa, levada a cabo em São Paulo por Roger Bastide e Florestan Fernandes, conduziu a conclusões diferentes do convívio pretensamente harmônico entre brancos, negros e índios, sugerido por livros como *Casa-Grande e Senzala*.[35]

A partir daí, as avaliações realizadas pela Escola Paulista de Sociologia ou por autores próximos a ela sobre Freyre passaram a ser muito negativas. Carlos Guilherme Mota, por exemplo, considera que a obra do sociólogo pernambucano representaria uma verdadeira cristalização da ideologia da cultura brasileira. Ela sugeriria a

---

[34] Candido, "O significado de *Raízes do Brasil*" in Holanda, *Raízes do Brasil*, Rio de Janeiro, Livraria José Olympio Editora, p. xii.

[35] Sobre o projeto da Unesco, ver: Marcos Chor Maio, "O projeto Unesco e a agenda das ciências sociais no Brasil dos anos 40 e 50" in *Revista Brasileira de Ciências Sociais*, n. 41, 1999.

existência de um caráter brasileiro que eclipsaria "as contradições de classe, e mesmo de raça".[36]

Contudo, a partir da década de oitenta, passou-se, novamente, a valorizar a contribuição de Gilberto Freyre para a compreensão da sociedade brasileira. Autores como Peter Burke ressaltaram, por exemplo, que, paralelamente, e até antes da Escola dos *Annales*, o sociólogo pernambucano chamou a atenção para aspectos até então pouco explorados pelas ciências sociais, como a história da vida cotidiana, o que estaria relacionado até com as fontes que utilizou, como livros de receitas, livros de etiqueta, romances, etc.[37]

Um marco nos novos estudos sobre Gilberto Freyre é *Guerra e paz: Casa-Grande e Senzala*, de Ricardo Benzaquen de Araújo. Contra a tese de que o autor de *Sobrados e mocambos* seria o principal formulador da ideologia da democracia racial, Benzaquen de Araújo ressalta o convívio de elementos tensos no seu retrato da sociedade colonial e na sua própria obra. Assim, na família patriarcal e no livro *Casa-Grande e Senzala*, "espécie de casa grande em miniatura", apareceriam, lado a lado, a intimidade e a violência das relações, inclusive ou principalmente, sexuais, de senhores e escravos.[38]

O mais importante da análise de Benzaquen de Araújo é, entretanto, a ênfase na não-ocorrência de mediação nas relações em contradição tratadas por Freyre. Remete, dessa forma, aos antagonismos em equilíbrio analisados pelo sociólogo pernambucano, que seriam uma espécie de totalidades sem síntese, sugerindo uma situação de excesso.

---

[36] Mota, *Ideologia da Cultura Brasileira (1933-1974)*, p. 47. São Paulo, Editora Ática, 1977.

[37] Ver: Peter Burke, "Gilberto Freyre e a nova história social" in *Tempo Social*, n. 2, 1997.

[38] Não se pode esquecer que as próprias relações sexuais, para Freyre, são de força, fundadas na dominação sádica do senhor sobre a escrava, masoquista.

Talvez se possa afirmar que Gilberto Freyre, mais do que qualquer outro autor, tenha contribuído para a formulação de uma ideologia que, como tal, ajuda a encobrir muito da violência que caracteriza a escravidão e continua a permear as relações raciais no Brasil. Por outro lado, e de maneira complementar, essa ideologia também auxiliou, como não era possível antes, os brasileiros a elaborarem a imagem que gostam de ter de si mesmos.

Indicações de leitura

Informações sobre a formação intelectual de Gilberto Freyre encontram-se em *Um vitoriano nos trópicos,* de Maria Lúcia Palhares-Burke, da Editora da Unesp, publicado em 2005. Outras referências biográficas sobre o autor estão no artigo de Thomas Skidmore "Raízes de Gilberto Freyre", que apareceu na antologia *Gilberto Freyre: em quatro tempos* organizada por Ethel Kosminsky, Claude Lépine e Fernanda Peixoto, para a Edusc.

Minha análise baseia-se principalmente no livro de Ricardo Benzaquen de Araújo *Guerra e paz, Casa-Grande e Senzala: a obra de Gilberto Freyre nos anos 30,* publicado em 2004 pela Editora 34. O autor ressalta principalmente as tensões internas presentes na obra de Freyre, sugerindo que elas apontariam para múltiplas possibilidades de análise. Na linha oposta, que enfatiza o caráter ideológico de *Casa-Grande e Senzala* e os outros livros do autor, o trabalho mais representativo provavelmente ainda é *Ideologia da cultura brasileira,* de Carlos Guilherme Mota, que saiu pela Editora Ática em 1977. Além do trabalho de Benzaquen de Araújo, outra interpretação muito interessante sobre os trabalhos de Freyre referentes ao patriarcalismo é *As criaturas de Prometeu*, de Elide Rugai Bastos, livro publicado, em 2006, pela Global. Nesse trabalho, assim como no seu ensaio "Gilberto Freyre e a questão nacional" (publicado em *A inteligência brasileira*, livro organizado, em 1986, por Ricardo Antunes, Vera Ferrante e Reginaldo Moraes para a Editora Brasiliense) Rugai Bastos também vincula, muito sugestivamente, a obra de Freyre com a modernização conservadora, impulsionada no Brasil pela Revolução de 1930.

Na antologia *O imperador das idéias: Gilberto Freyre em questão*, organizado, em 2001, por Joaquim Falcão e Rosa Barbosa de Araújo para a Topbooks, é particularmente interessante o artigo de Stuart Schwartz, "Gilberto Freyre e a história colonial: uma visão otimista do Brasil", em que o brasilianista chama a atenção para como essa atitude afasta sua análise da linha predominante nas interpretações do Brasil.

São trabalhos importantes sobre aspectos específicos da obra de Freyre, o de Moema D'Andrea, *A tradição re(des)coberta*, publicado, em 1992, pela Editora da Unicamp, que discute a relação do autor com o movimento regionalista do Nordeste, e o de Bastos, *Gilberto Freyre e o pensamento hispânico*, cuja edição da Edusc é de 2003, e analisa a influência, até o momento subestimada, de escritores hispânicos sobre o sociólogo pernambucano.

Capítulo IV

Sérgio Buarque de Holanda

SÉRGIO BUARQUE DE HOLANDA nasce em São Paulo, em 1902. Faz seus estudos secundários no Colégio São Bento, onde é aluno do historiador Afonso Taunay. Por iniciativa dele, chega a publicar alguns artigos na imprensa.

Muda com a família, em 1921, para o Rio de Janeiro. Lá, estuda direito, sem muito afinco, e leva uma vida boêmia, cheia de amigos. Nessa época, torna-se representante na capital federal da revista modernista paulista *Klaxon*. Com o fim dela, publica, junto com Prudente de Moraes, neto, outra revista, a *Estética*.

O mais marcante da juventude de Sérgio Buarque é sua ligação com o modernismo. Como vimos, também Gilberto Freyre teve proximidade com o modernismo, mas com sua vertente mais tradicionalista, o Movimento Regionalista do Nordeste. Ambos encontram no modernismo uma ânsia de (re)descobrir o Brasil, que marca suas obras. Como também vimos, logo que se conhecem, participam até de rodas de sambas no Rio de Janeiro. Antes, a busca da cultura popular já havia feito Mário de Andrade enfurnar-se pelo interior do país, em incessantes pesquisas sobre folclore. O esforço de valorizar o Brasil já não se restringe então às letras, como indica o discurso de Graça Aranha, quando anuncia seu abandono da Academia Brasileira de Letras (ABL) e ingresso nas fileiras modernistas: "o movimento espiritual modernista não se deve limitar unicamente à arte e literatura, ele deve ser total. Há necessidade, tão largamente esperada, de transformação filosófica, social e política".[1]

Mas apesar de sua vinculação com o modernismo, as críticas de Sérgio Buarque ao movimento não tardam a aparecer. Em *Estética*, por exemplo, escreve, junto com seu companheiro de todas as horas, Prudente de Moraes, neto, um artigo não muito simpático ao livro de Ronald de Carvalho *Estudos brasileiros*. O artigo leva ao esfriamento das relações do jovem literato com alguns modernistas, como o próprio escritor-diplomata, além de Guilherme de Almeida e Graça Aranha. Irritam ao moço, em particular, certas tendências "construtivistas" do modernismo, que vê como que ligadas a uma atitude artificial, de quem pensa poder criar a cultura brasileira por simples vontade.

Talvez esse incômodo já conduzisse o crítico para além da literatura, para domínios mais objetivos, como os da história. De qualquer maneira, Sérgio Buarque de Holanda deixa o Rio para ser promotor e editor de uma folha, *O Progresso,* em Cachoeiro do Itapemirim. Chega a distribuir entre amigos, antes de viajar para o Espírito Santo, sua já não desprezível biblioteca.

O frustrado promotor logo volta, porém, para a capital federal. Mas não se detém ali por muito tempo, não desperdiçando a opor-

---

[1] Graça Aranha, *apud* Luciano Martins, "A gênese de uma *intelligentsia*: os intelectuais e a política no Brasil (1920 – 1940)" in *Revista Brasileira de Ciências Sociais*, n. 4, 1987.

tunidade que, em 1929, o então editor inicianteAssis Chateaubriand lhe oferece de ser correspondente na Alemanha. Em quase dois anos de Berlim, vive a efervescência dos últimos dias da República de Weimar. Mais importante, a distância permite que procure entender melhor seu país, escrevendo inclusive para publicações bilíngües em alemão e português.

É também na Alemanha que Sérgio Buarque amadurece a vocação de historiador, seguindo cursos de Friedrich Meinecke. Aproxima-se, dessa maneira, do historismo, linha historiográfica que enfatiza a importância do devir e a singularidade dos diferentes momentos históricos. É igualmente durante seus anos berlinenses que o futuro historiador entra em contato com a obra de Max Weber. Não deixa de ser interessante notar que o significado que teve a influência dessas duas vertentes intelectuais sobre Sérgio continua a ser motivo de polêmica.

O fato é que nosso autor volta para o Brasil com 400 páginas de um livro que pretendia chamar de *Teoria da América*. Dois capítulos do trabalho, intitulados "Corpo e alma do Brasil", são publicados, em 1935, na revista *Espelho*. No ano seguinte, esses capítulos aparecem, quase sem modificação, em *Raízes do Brasil*. O livro é, por sua vez, o primeiro a ser publicado na coleção Documentos Brasileiros, da Livraria José Olympio, dirigida então por Gilberto Freyre.

Num sentido mais amplo, *Raízes do Brasil* é melhor compreendido a partir de sua conexão com o modernismo. Ou talvez fosse melhor precisar, a partir da "rotinização do modernismo", que se consolida nos anos trinta e à qual já se fez referência.[2] Fazem parte

---

[2] Ver: Candido, "A revolução de 1930 e a cultura", *op. cit.*

dessa tendência iniciativas como o ensino de canto orfeônico nas escolas, a construção do prédio do Ministério da Educação desenhado por Lúcio Costa e Oscar Niemeyer e os ensaios de interpretação do Brasil de Gilberto Freyre, Sérgio Buarque de Holanda e Caio Prado Jr. Num sentido mais amplo, durante o período, expande-se o acesso à educação; passa-se a questionar a supremacia da religião no ensino; impulsiona-se a edição de livros, principalmente os de temas brasileiros, no sentido de dar os primeiros passos para a criação de uma indústria cultural brasileira; as primeiras universidades brasileiras são estabelecidas, etc.

Coincidindo com o ano em que *Raízes do Brasil* é publicado, Sérgio Buarque se casa e se torna professor da Universidade do Distrito Federal (UDF), cujo projeto acadêmico era similar ao da USP. No entanto, a inovadora universidade é, por pressão católica, logo fechada. Mesmo assim, a influência do período em que foi assistente do historiador francês Henri Hauser se faz sentir em *Monções*, livro publicado em 1945 e já afastado do ensaísmo.

Seu autor torna-se, no ano seguinte, diretor do Museu Paulista. Já morando em São Paulo, volta, em 1956, a ser professor, agora de História da Civilização Brasileira, na USP. Para seu concurso de efetivação escreve *Visão do Paraíso*. Em 1969, em protesto contra o AI-5, que afasta diversos professores do ensino, aposenta-se.

Sérgio Buarque também foi fundador da Esquerda Democrática, em 1946, e do Partido dos Trabalhadores (PT), em 1980. Morre em 1982.

Apesar de todas as suas realizações, gostava de se referir a si mesmo simplesmente como "o pai do Chico".

Raízes do Brasil

Como nota Bolívar Lamounier, *Raízes do Brasil* é, até certo ponto, um conjunto de ensaios relativamente autônomos.[3] Não obstante, discute temas que se apresentam e voltam a aparecer ao longo das páginas do livro. Entre eles, uma questão merece especial atenção: as dificuldades e possibilidades de estabelecer a democracia no Brasil.

Anteriormente, o primeiro ponto da colonização portuguesa da América a ser ressaltado por Sérgio Buarque de Holanda é o fato, já assinalado por Gilberto Freyre, "de constituirmos o único esforço bem-sucedido, em larga escala, de transplantação da cultura européia para uma zona de clima tropical e subtropical".[4] O motivo principal sugerido por *Raízes do Brasil* para o sucesso do empreendimento colonial português é o mesmo de *Casa-Grande e Senzala*: a colonização ter sido realizada por uma nação ibérica, localizada, portanto numa região indecisa entre a Europa e a África.

Holanda não deixa de indicar que haveria outras zonas de fronteira no "velho continente", como a Rússia, os Bálcãs e até a Inglaterra. Seria difícil, porém, encontrar entre esses povos a mesma plasticidade social do português, povo praticamente destituído de orgulho de raça e já mestiço antes de iniciar o empreendimento colonial. A plasticidade contribuiria até para uma postura de certo desleixo, que não deixaria de ser favorável à ação nos trópicos. Em contraste,

---

[3] Lamounier, "*Raízes do Brasil*" in *Revista do Brasil*, n. 6, 1987.

[4] Sérgio Buarque de Holanda, *Raízes do Brasil*, Rio de Janeiro, Livraria José Olympio Editora, 1936, p. 3.

a falta de plasticidade, como ocorreria com o holandês, teria favorecido o fracasso da sua tentativa de colonizar o Nordeste.

Por outro lado, apesar de considerar o português como plástico, Sérgio Buarque não o vê como plenamente adaptado ao ambiente americano, os brasileiros ainda em sua época sentindo-se como desterrados em sua terra. Devido à sua adaptação incompleta ao ambiente americano, a principal característica do país estaria relacionada à Península Ibérica. Como em outros povos com a mesma origem, seria particularmente forte no Brasil o que o autor chama de cultura da personalidade. Nela, apareceria como crença mais marcante "o sentimento da própria dignidade de cada homem".[5]

Oposto ao privilégio, poderia até ser considerado como legítimo pioneiro da mentalidade moderna. Tal atitude contribuiria, como também já havia notado Gilberto Freyre, para que a hierarquia social fosse menos rígida entre os portugueses. Mas mesmo que estivesse disseminada por todo o povo, Sérgio Buarque considera que a cultura da personalidade é antes "uma ética de fidalgos, não de vilões",[6] cada homem considerando-se como superior ao outro e não como seu igual. Ou, em outras palavras, seria possível perceber que valores associados à aristocracia estariam espalhados por todo o povo português e brasileiro.

Esses traços culturais contribuiriam, além do mais, para que entre os hispânicos não estivesse presente uma verdadeira ética do trabalho. O trabalho mecânico, em particular, que visa objetos externos, se chocaria com o personalismo desses povos, que insistiram no valor próprio de cada indivíduo. Seria bem considerado,

---

[5] *Ibid.*, p. 10.

[6] *Ibid.*, p. 11.

em contraste, o trabalho intelectual, até como uma maneira, no caso brasileiro, de se marcar a diferença em relação aos escravos. O saber não seria, todavia, encarado como o resultado de esforço, mas, de maneira aristocrática, praticamente como uma dádiva concedida a alguns poucos.

No entanto, a conseqüência mais forte da cultura da personalidade seria, tal como percebido, por exemplo, por Aléxis Tocqueville, na Nova Inglaterra, a extrema dificuldade de fazer vigorar o associativismo, que exige solidariedade social, até porque "em terras onde todos são barões não é possível acordo coletivo durável".[7] Na verdade, a solidariedade que porventura aparecesse teria muito mais o sentido de favorecer o sentimento do que o interesse, fazendo parte do âmbito doméstico e não do público.

A valorização de cada homem em detrimento dos outros ofereceria ainda uma outra opção, extrema: a renúncia à própria personalidade em favor de um ideal maior. Se entenderia, dessa maneira, que, no caso dos hispânicos, as ditaduras e o Santo Ofício fossem quase tão comuns como a anarquia e a desordem.

De acordo com Jessé Souza, a tese da "cultura da personalidade" contribui para que Sérgio Buarque de Holanda seja o principal formulador de uma interpretação do Brasil que vê a modernização do país como "superficial, epidérmica e 'de fachada'".[8] Num sentido mais amplo, os temas centrais dessa verdadeira "sociologia da inautenticidade" seriam a herança ibérica, o personalismo e o patrimonialismo, todos eles sugeridos por Holanda.

---

[7] *Ibid.*, p. 6.

[8] Jessé Souza, *A modernização seletiva*, Brasília, Editora da UnB, 2000, p. 12.

Segundo Jessé, a imprecisão do livro ao tratar do europeísmo, situação oposta à herança ibérica e diante da qual Portugal teria dificuldade de se definir, levaria seu autor a enxergar a permanência do personalismo ao longo da história brasileira. Em outras palavras, a não caracterização clara do europeísmo faria com que Sérgio Buarque de Holanda interpretasse a modernização brasileira como inautêntica, a urbanização fazendo com que o personalismo mudasse apenas de lugar: do campo para a cidade.

De qualquer maneira, depois de tratar a herança ibérica como um todo, *Raízes do Brasil* especifica diferenças entre a colonização espanhola e a portuguesa. A primeira corresponderia a um ato de vontade, o que se expressaria no traçado das cidades, "que não se deixam modelar pela sinuosidade e pelas asperezas do solo; impõe-lhe antes o acento voluntário da linha reta". Já as cidades portuguesas obedeceriam as "exigências topográficas",[9] chegando a confundir-se "com a linha da paisagem".[10] Isto é, as duas formas de cidades corresponderiam a diferentes orientações; a espanhola, organizada a partir da praça maior, procuraria realizar, como a ação do ladrilhador, um ou mais fins, ao passo que o dominante na cidade portuguesa seria a rotina e o desleixo, ou seja, uma postura similar à do semeador.

Essas diferentes orientações também não deixariam de se fazer sentir, em termos mais amplos, no tipo de colonização protagonizado por espanhóis e portugueses. Enquanto os primeiros desejariam fazer de suas possessões de além-mar verdadeiras extensões do rei-

---

[9] Holanda, *op. cit.*, p. 61.

[10] *Ibid.*, p. 62.

no, os segundos se contentariam em explorá-las comercialmente. Sinal adicional da superficialidade da colonização portuguesa seria sua concentração no litoral, ao passo que os espanhóis se voltaram para o interior.

No entanto, os jesuítas e os paulistas não seguiriam, por diferentes razões, a linha dominante da colonização portuguesa. A Companhia de Jesus agiria de forma similar ao colonizador espanhol, mas sua ação teria um efeito limitado na vida brasileira. Já os paulistas, misto de puros aventureiros e *pioneers*, que não obedeceriam às determinações da metrópole, como que anunciariam um novo momento da história brasileira.

Contudo, num sentido mais geral, a conquista e a colonização de novos mundos teriam sido obra principalmente de aventureiros, homens prontos a enfrentar toda sorte de desafios e a alçar grandes vôos. Isso teria ocorrido entre todos os povos que se lançaram à colonização, fossem eles espanhóis, ingleses, holandeses, etc. Entre portugueses seria, porém, mais fácil encontrar homens dispostos a se aventurarem na empreitada. Essa atitude se deveria às próprias características do povo, como vimos, mestiço quase sem preocupação com a pureza de raça e, portanto, dotado de enorme plasticidade social.

Em termos mais gerais, seria possível encontrar na vida coletiva dois princípios que se corporificariam no tipo do aventureiro e do trabalhador. Para o primeiro, o que importaria seria o fim último, seu ideal sendo "colher o fruto sem plantar a árvore". Ignoraria, assim, fronteiras, vivendo em espaços ilimitados. Já o trabalhador enxergaria "primeiro o obstáculo a vencer e não o trunfo a alcançar".[11]

---

[11] *Ibid.*, p. 21.

Esmiuçando a análise, Sérgio Buarque nota que existiriam, num sentido weberiano, tanto uma ética do trabalho como uma ética da aventura. Isto é, o aventureiro e o trabalhador regeriam suas ações por diferentes valores. O aventureiro valorizaria "a audácia, a imprevidência, a irresponsabilidade..." e consideraria desprezível a "estabilidade, paz, segurança pessoal", qualidades que o trabalhador buscaria. Este último, por sua vez, não teria nenhuma simpatia pela "concepção espaçosa do mundo"[12] do aventureiro.

A diferença entre o aventureiro e o trabalhador seria tamanha que entre eles não haveria tanto uma oposição mas uma incompreensão mútua. Oposição existiria, sim, entre o trabalhador e o rentista, ou mesmo, talvez, entre o aventureiro e o vagabundo.

Raízes do Brasil esclarece, contudo, também em termos weberianos, que não se encontra no mundo real o aventureiro e o trabalhador em estado puro. Assim, como tipos, eles teriam principalmente um valor heurístico, auxiliando na compreensão dos fenômenos sociais.

De qualquer maneira, se o espírito de aventura era especialmente propício à obra de conquista, ele não contribuiria para o estabelecimento de uma sociedade mais permanente. A mesma orientação da colonização portuguesa apareceria inclusive entre os holandeses que, por algum tempo, dominaram o Nordeste do Brasil, "recrutados entre aventureiros de toda espécie" que "vinham apenas em busca de fortunas impossíveis".[13]

Nesse trecho revelam-se alguns dos defeitos mais sérios da análise culturalista de Sérgio Buarque de Holanda. Se a colonização

---

[12] *Ibid.*, p. 21.
[13] *Ibid.*, p. 34.

do Nordeste pelos holandeses não traria melhores frutos do que a portuguesa, já que foi realizada pelo mesmo tipo aventureiro, como explicar os resultados da colonização da Austrália, feita por degredados? A chave da questão é que, mais importante do que o *ethos* predominante na colonização, é sua orientação, isto é, como notaram Caio Prado Jr. e Celso Furtado, o fato de a colônia ter sido de povoamento, como foi a Austrália, ou de exploração, como foi o Brasil.

Numa outra referência, a situação prevalecente até a vinda da família real portuguesa, em 1808, seria *sui generis*; as cidades se subordinariam ao campo, e não o contrário. Esse quadro contribuiria para a estranha situação em que o cidadão correspondia ao senhor rural. Mesmo na Antiguidade Clássica, em que a maior parte dos cidadãos possuía propriedade rural, eles não residiam no campo. Aqui, ao contrário, só raramente os senhores se deslocariam para as cidades.

No quadro do domínio rural auto-suficiente, Sérgio Buarque considera, como já haviam feito Oliveira Vianna e Gilberto Freyre, que renasceria a família patriarcal. A família seria inclusive o único setor da vida brasileira cuja autoridade não era questionada. Teria-se, assim, "uma invasão do público pelo privado",[14] os indivíduos, mesmo fora do ambiente doméstico, agindo de acordo com seus preceitos.

Tal comportamento dificultaria o estabelecimento do Estado democrático e mesmo de qualquer Estado no Brasil. Até porque a relação entre a família e o Estado, diferentemente do que sugerem

---

[14] *Ibid.*, p. 89.

teóricos políticos desde Aristóteles, não seria tanto de continuidade, mas de oposição: "do geral sobre o particular, do intelectual sobre o material, do abstrato sobre o corpóreo".[15] Oposição que seria expressa de forma lapidar no antagonismo entre Creonte e Antígona, retratado na tragédia de Sófocles. Antígona encara as preocupações concretas, presentes no interior da família, ao passo que Creonte expressa as exigências abstratas do Estado.

No caso da democracia liberal, o choque com uma situação como a brasileira, em que prevalece a família patriarcal, seria ainda maior. De acordo com Holanda, o princípio básico da democracia liberal estaria indicado na frase de Jeremy Benthan: "a maior felicidade para o maior número". Por outro lado, o sentimento mais característico no interior da família seria o amor, e sempre "amar alguém é amá-lo mais do que aos outros".[16] Isto é, a parcialidade, que o ambiente doméstico favorece, seria incompatível com a atitude neutra diante dos cidadãos, implícita na democracia liberal.

Outra situação em que aparece a oposição entre privilégios pessoais e exigências abstratas seria a relação entre funcionário patrimonial e o que Sérgio Buarque chama de puro burocrata. No primeiro, como havia indicado Weber, a separação entre ele e seus instrumentos de trabalho ainda não teria ocorrido; no segundo, seu trabalho seria ordenado por normas impessoais, às quais teria que se submeter.

A partir de situações como essas, *Raízes do Brasil* adota a caracterização de Ribeiro Couto de que o brasileiro seria, antes de mais

---

[15] *Ibid.*, p. 93.

[16] *Ibid.*, p. 156.

nada, o homem cordial. Apesar de sua formulação ter sido, muitas vezes, mal interpretada, Sérgio Buarque de Holanda, ao falar em cordialidade, não pensa em qualidades como a polidez e a civilidade nas quais, como mostrou Norberto Elias, estão fortemente presentes elementos coercitivos.[17] É verdade que o historiador paulista não deixa de chamar a atenção para a possibilidade de cordialidade e polidez confundirem-se – a segunda atitude aparecendo como mímica do que é espontâneo na primeira. No fundamental, entretanto, os dois comportamentos são diferentes; a polidez sendo, no fundo, uma forma de proteção diante da sociedade, ao passo que o homem cordial vive nos outros.[18]

Não se deve, contudo, acreditar que "cordial" necessariamente implique qualidades positivas. Na verdade, o termo refere-se à sua origem etimológica – o que vem do coração – e pode implicar tanto em amor como em ódio. Portanto, o que Holanda está apontando é que entre homens que obedecem aos imperativos do coração, e não a normas impessoais e abstratas, é muito difícil estabelecer ordem pública e, ainda mais, democracia.

Em poucas palavras, o personalismo, que viria de Portugal, encontraria no ambiente doméstico, hipertrofiado pela auto-suficiência do domínio rural, um terreno propício para sua afirmação, criando alguém como o homem cordial. O predomínio do campo sobre a cidade não seria, entretanto, como sugere Oliveira Vianna, uma

---

[17] Ver: Norberto Elias, *O processo civilizador*, Rio de Janeiro, Jorge Zahar Editor, 1990.

[18] Também não deixam de aparecer, em *Raízes do Brasil*, referências dúbias à "cordialidade" do brasileiro, como quando se afirma que "o despotismo condiz mal com a doçura de nosso gênio". Holanda, *op. cit*, p. 142.

imposição do ambiente, mas resultaria da orientação da cultura portuguesa. Ou seja, os traços principais que *Raízes do Brasil* destaca na sociedade brasileira viriam de Portugal. Nesse sentido, o elemento mais importante da experiência brasileira seria a herança ibérica ou, simplesmente, portuguesa.

Por outro lado, seria comum que as fórmulas estrangeiras, que tanto atraem os brasileiros, se ajustassem mal à vida do país. Em particular, o predomínio do personalismo e do círculo doméstico contribuiriam para que "a democracia no Brasil tenha sido sempre um mal entendido".[19] Na tradição de crítica às "idéias fora do lugar", Sérgio Buarque de Holanda considera que uma aristocracia semifeudal como a brasileira teria adotado esse regime político simplesmente porque era isso que se fazia então na Europa, independentemente de que, no Velho Mundo, a democracia tenha servido como arma usada contra a aristocracia. Mas nisso se teria seguido a tradição dos movimentos reformistas brasileiros, que, quase sempre, teriam partido da elite. O povo, como indicara a carta de Aristides Lobo sobre a proclamação da República, simplesmente assistira bestializado a tais iniciativas.

De qualquer maneira, o Brasil estaria vivendo, já há algum tempo, um processo de profunda transformação. Seus marcos mais importantes seriam a vinda da família real portuguesa (1808), a proclamação da Independência (1822), a Abolição da escravidão (1888) e a instauração da República (1889). Entre esses acontecimentos, a Abolição teria especial relevância, indicando, num sentido especialmente forte, uma nova orientação para a sociedade brasileira, oposta ao antigo predomínio rural.

---

[19] *Ibid.*, p. 122.

Contudo, mais importante do que se ater a eventos, seria perceber a ocorrência de uma mudança mais difusa no país, que indicaria "uma revolução lenta, mas segura e concertada, a única que, rigorosamente, temos experimentado em toda a nossa vida nacional".[20] Essas transformações talvez até se aproximem do que se pode chamar de revolução molecular, correspondendo a um profundo processo de mudança difícil de perceber.

Nesse sentido, a própria substituição, a partir da segunda metade do século XIX, do açúcar pelo café como principal cultura brasileira favoreceria o avanço de tal "revolução lenta". O cafeeiro poderia ser até chamado de planta democrática, pois, diferentemente da cana e do algodoeiro, não exigiria ser cultivado em terrenos extensos. Poderia, ao contrário, até favorecer o parcelamento da terra. Além do mais, a fazenda de café não seria tão auto-suficiente como o engenho de açúcar, tendo que recorrer à cidade para garantir o abastecimento de variados suprimentos. O produtor de café seria mesmo bastante similar ao *farmer*, "que é no fundo um tipo citadino mais do que rural".[21]

Não seria, portanto, de estranhar que a Abolição tenha afetado menos a região de produção de café do que a de açúcar. Aqui, entretanto, Sérgio Buarque esquece que as principais resistências ao fim do trabalho servil não partiram do Norte açucareiro, mas de parte do Sul cafeeiro, também, não por acaso, região menos dependente do poder central.

Raízes do Brasil sugere até que a transformação da sociedade brasileira poderia ser entendida num sentido americanista. Isso não

---

[20] *Ibid.*, p. 135.

[21] *Ibid.*, p. 139.

seria mero acaso, já que os principais elementos do Brasil colonial – a cultura da personalidade e o predomínio rural – derivariam da herança ibérica, à qual finalmente se estaria pondo fim.

Voltando à interpretação de Jessé Souza sobre *Raízes do Brasil*, é possível considerar que o livro sugere uma espécie de "sociologia da inautenticidade", no sentido de que afirma que formas estrangeiras como a democracia se ajustariam mal às condições brasileiras, correspondendo mesmo a "mal entendidos". Por outro lado, é incorreta a avaliação de que seu autor acredita ser meramente epidérmica a transformação do país, que abriria caminho para a superação da herança ibérica. Ao contrário, o mais forte no Brasil, principalmente desde a Abolição, seria o processo que faria com que formas como a democracia passassem a assumir um certo conteúdo, deixando, assim, de ser simplesmente "mal entendidos".

A partir daí, Sérgio Buarque pode enxergar até uma potencial compatibilidade entre a democracia e a formação social brasileira. Teria afinidade com a democracia, em especial, a repulsa instintiva, generalizada entre brasileiros e povos americanos, a toda hierarquia racional e a incapacidade de resistir a novas influências, como a urbanização e o cosmopolitismo.

O historiador paulista talvez esteja até sugerindo que, nas condições brasileiras, a democracia pode assumir uma forma nova. Ou melhor, ao mesmo tempo que as transformações pelas quais o Brasil estaria há tempos passando modificariam as formas sociais e políticas prevalentes no país, suas condições nacionais não deixariam de influenciar certas formas estrangeiras, como a democracia, fazendo com que passassem a ter um conteúdo novo, original em relação ao europeu.

INTERPRETAÇÕES

Como pensar a relação de *Raízes do Brasil* com os livros que, até o momento, discutimos? Em primeiro lugar, "o senso dos contrastes e dos contrários", que Antonio Candido destaca no livro, e que também está presente em *Populações meridionais do Brasil* e, à sua maneira, em *Casa-Grande e Senzala*, é uma constante na reflexão latino-americana, pelo menos desde que Domingo Faustino Sarmiento escreveu, em 1845, *Facundo*.[22] Seu subtítulo – "civilização ou barbárie" – como que resume o problema que sucessivas gerações latino-americanas procuraram enfrentar, não por acaso num momento em que a Europa e a América, pretensos *locus* da civilização e da barbárie, respectivamente, incrementavam sua relação.

O dilema ganha força no pensamento brasileiro, como vimos, a partir da oposição, apresentada por Euclides da Cunha, entre sertão e litoral. O sentimento chega a generalizar-se, durante a República Velha, no contraste, sugerido pelos pensadores autoritários, entre país legal e país real.

Sérgio Buarque Holanda critica, porém, o patriarca do pensamento autoritário brasileiro, Alberto Torres, por acreditar que "a letra morta", a lei, o que Oliveira Vianna provavelmente chamaria de "política objetiva", poderia corrigir o descompasso. Ou seja, o autor de *Raízes do Brasil* radicaliza a crítica de conservadores e do pensamento autoritário ao idealismo de liberais e da República, aplicando-a aos próprios autoritários, segundo ele, também her-

---

[22] Ver: Candido, "O significado de *Raízes do Brasil*", op. cit.

deiros da condição rural e da cultura ibérica, que só teriam fim com a urbanização. Assim, de acordo com o autor, a aparente solidez do Império teria desaparecido com as condições que lhe deram origem e não por simples ação dos republicanos. Num outro sentido, a crítica do historiador ao pensamento autoritário não deixa de manter ligação com a avaliação negativa que tinha demonstrado em relação ao "construtivismo" de boa parte do modernismo.

Mesmo assim, "o senso dos contrastes e dos contrários", de *Raízes do Brasil*, não deixa de se prender à consciência, estimulada pela proclamação da República, do choque entre as instituições e as condições sociais brasileiras. A Revolução de 1930 deve mesmo ter contribuído para acentuar o sentimento da urgência da resolução de questões que já tinham se tornado seculares.

Sérgio Buarque de Holanda também se afasta de Oliveira Vianna ao não interpretar a colonização como adaptação do colono português ao ambiente americano, num sentido centrífugo, de ruralização, mas dentro de um quadro mais amplo, dado basicamente pela cultura portuguesa. Nessa orientação, considera até que os brasileiros ainda são "uns desterrados em nossa terra".[23]

Atribui inclusive, em nota presente na primeira edição de *Raízes do Brasil*, a postura do autor de *Populações meridionais do Brasil* ao desejo de subordinar fatores étnicos a geográficos, o que poderia abrir caminho para a anulação da herança racial brasileira. Sua posição, em contraste, é de identificar a cultura portuguesa com a maneira dominante de agir no Brasil. Nesse sentido, chega a afirmar que "o resto foi matéria plástica, que se sujeitou mal ou bem a essa forma".[24]

---

[23] Holanda, *op. cit.*, p. 3.

[24] *Ibid.*, p. 15.

No que se refere à relação entre ambiente e cultura, a postura de Gilberto Freyre encontra-se a meio caminho entre esses dois autores. Como Oliveira Vianna, ressalta a influência do ambiente americano, que criaria um tipo humano, o luso-brasilerio, mas também, como Sérgio Buarque, entende a colonização com base em referências culturais mais amplas, que chama de luso-tropicais.

Para além da própria colonização, os três autores também divergem sobre seus resultados. O autor de *Raízes do Brasil* considera que a colonização não deixou obra mais permanente, correspondendo quase a uma "feitorização", ao passo que os autores de *Populações meridionais do Brasil* e *Casa-Grande e Senzala* avaliam que a adaptação ao ambiente americano foi precisamente a principal realização do colono português. Apesar de se afastar de outras afirmações presentes no livro do historiador paulista, o argumento da "feitorização" deriva mesmo da sua avaliação de que foi o tipo aventureiro quem realizou a colonização do Brasil.

A relação de Sérgio Buarque de Holanda com Gilberto Freyre é particularmente ambígua. Não economiza elogios, na primeira edição de *Raízes do Brasil*, a *Casa-Grande e Senzala*: "obra que representa o estudo mais sério e completo sobre a formação social do Brasil".[25] Também concorda com o sociólogo pernambucano em premissas fundamentais: o fato de o Brasil ser o único caso bem- sucedido de transplantação da cultura européia para os trópicos, o que, de acordo com o autor pernambucano, atribui fundamentalmente à colonização ter sido realizada por portugueses. Ou seja, um povo ibérico, indeciso entre Europa e África, no qual

---

[25] *Ibid.*, p. 105.

estaria ausente o preconceito de raça. Assim, os portugueses seriam de antemão mestiços, possuindo uma grande plasticidade, que favoreceria a obra de colonização.

Se, em todos esses pontos fundamentais, Sérgio Buarque está de acordo com Gilberto Freyre, as coisas se complicam quando avalia as conseqüências do predomínio do grande domínio rural na vida brasileira. De início, como Oliveira Vianna e Freyre, observa a auto-suficiência do latifúndio, que faria com que possuísse força armada, capela, escola de primeiras letras e produzisse seus alimentos em plantações e em criações de animais, chegando até a fazer seus móveis em serrarias próprias. Também nota, como os autores que o antecederam, que, no ambiente do domínio rural, desenvolve-se, à maneira da Antiguidade Clássica, a família patriarcal, mulheres, crianças, escravos e agregados submetendo-se quase inteiramente à vontade do *pater familia*.

No entanto, os três autores divergem sobre os efeitos do predomínio do latifúndio no Brasil. Oliveira Vianna considera-o tanto como o principal instrumento de adaptação do colonizador português ao ambiente americano, num sentido de ruralização, quanto como o principal impedimento, devido à sua auto-suficiência, da obra de unificação nacional, imposta desde a independência. Gilberto Freyre, por sua vez, chama a atenção principalmente para como se estabelece, a partir do grande domínio, todo um sistema econômico, político e social marcado pela proximidade e violência nas relações entre senhores e escravos. Finalmente, Sérgio Buarque de Holanda considera que essas mesmas relações pessoa a pessoa, primárias, criam empecilhos para se ter uma ordem social mais impessoal e racional e, ainda mais sério, para a constituição da democracia no país.

Um bom indício das avaliações diferentes de *Raízes do Brasil* e *Casa-Grande e Senzala* sobre o patriarcalismo é a lembrança, no livro do historiador paulista, de um episódio da viagem do bispo de Tucumã ao Brasil, narrada pelo primeiro historiador do país, Frei Vicente de Salvador. O pedido do bispo para que lhe comprassem na cidade um frango, quatro ovos e um peixe não teve êxito. Mas, ao solicitar as mesmas provisões a casas particulares, tudo era prontamente providenciado. Tal situação teria levado o prelado a concluir: "nesta terra andam as coisas trocadas, porque toda ela não é república, sendo-a cada casa".[26]

Ou seja, o que para Sérgio Buarque é um problema, talvez até o maior problema da colônia e, de maneira geral, da vida brasileira – o predomínio do ambiente doméstico e, conseqüentemente, ausência de república – não tem esse sentido problemático para Freyre. Mais ainda, segundo o historiador paulista, a auto-suficiência do domínio rural impossibilitaria que se superasse o contexto da família patriarcal, estabelecendo-se verdadeira república. Já para o sociólogo pernambucano, essa não é uma questão real, até porque a auto-suficiência do sistema Casa-Grande e Senzala tornaria dispensável buscar criar algo como a coisa pública.

De qualquer forma, pode-se considerar que, de maneira geral, muitos dos principais temas de Oliveira Vianna, Gilberto Freyre e Sérgio Buarque de Holanda são similares e derivam de suas avaliações quanto ao predomínio do latifúndio na maior parte da história brasileira. No entanto, a partir de perspectivas teóricas e políticas distintas, chegam a conclusões diferentes e mesmo opostas sobre os resultados desse fenômeno.

---

[26] *Ibid.*, p. 86.

É possível até sugerir que nessas diferentes posições aparecem posturas iberistas e americanistas.[27] De acordo com essa dicotomia, o iberismo é associado a uma possível resposta à modernidade, a qual sugere uma visão organicista da sociedade. Já o americanismo estaria vinculado a uma postura individualista, dominante na Anglo-América. Sérgio Buarque, de maneira similar, relaciona o iberismo ao ambiente rural, que leva ao predomínio da família, ao passo que o americanismo estaria emergindo com o desenvolvimento das cidades, aproximando o Brasil dos países ocidentais modernos.

Pode-se associar Gilberto Freyre e, de forma mais problemática, Oliveira Vianna ao iberismo. Já Sérgio Buarque de Holanda enxerga com bons olhos o desenvolvimento que conduz o Brasil ao que se pode chamar de americanismo, mas sugere que se poderia manter algumas características das relações sociais anteriormente desenvolvidas no Brasil, estabelecendo, de certa maneira, um caminho próprio à modernização do país.

Não deixa inclusive de ser interessante notar que debates similares ocorreram em outros contextos nacionais. Talvez o exemplo mais marcante tenha sido aquele que cindiu ao meio a *intelligentsia* russa depois da publicação, em 1836, de um artigo de Pietr Chaadev, em que afirmava que, de todas as principais nações, só a sua não havia oferecido contribuição significativa à civilização.[28]

Como reação a essa tese, certos intelectuais, que ficaram conhecidos como eslavófilos, insistiram em que as diferenças entre a nação deles, a Santa Rússia, e o Ocidente derivariam da religião.

---

[27] Ver: Morse, "*O espelho de Próspero*", *op. cit.*

[28] Ver: Andrzej Walicki, *A history of Russian thought*, Stanford, Stanford University Press, 1993.

A Igreja Ortodoxa se manteria fiel aos ideais mais antigos do cristianismo, possuindo um espírito comunitário que marcaria todo o restante da sociedade. O Ocidente, em contraste, sofreria da doença do individualismo. No entanto, numa postura oposta, os ocidentalizantes explicavam a diferença da Rússia não por seu pretenso caráter único, mas por seu atraso.

Algo de similar não deixa de ocorrer com Gilberto Freyre e Sérgio Buarque de Holanda. O sociólogo pernambucano valoriza o desenvolvimento no Brasil, a partir do luso-tropicalismo, de relações sociais, raciais e sexuais marcadas pela proximidade, sugerindo até que elas poderiam funcionar como exemplo para outros povos. Já o historiador paulista considera, num sentido oposto, que essas mesmas relações, desenvolvidas principalmente por influência portuguesa, seriam o principal obstáculo para o estabelecimento da democracia e mesmo de coesão social no país.

Indicações de leitura

Informações especialmente interessantes sobre Sérgio Buarque de Holanda aparecem na entrevista que concedeu a Richard Graham, publicada em número especial, de 1987, da *Revista do Brasil*. Essa revista, toda ela dedicada a Sérgio Buarque, é muito sugestiva, mesclando artigos sobre e do historiador aparecidos em diferentes momentos. Entre eles, o de Bolívar Lamounier sobre *Raízes do Brasil* é particularmente instigante. Tem o mesmo formato a publicação, de 1988, da Secretaria da Cultura de São Paulo sobre Sérgio Buarque de Holanda. Nela, o artigo "Verdes anos de Sérgio Buarque de Holanda: ensaio sobre sua formação intelectual até *Raízes do Brasil*", de Francisco de Assis Barbosa, também traz informações biográficas. Outra coletânea interessante sobre o autor é *Sérgio Buarque de Holanda e o Brasil*, organizada, em 1998, por Antonio Candido para a Fundação Perseu Abramo.

Não há dúvida de que Candido é também o autor da interpretação mais influente sobre *Raízes do Brasil*, que está no Prefácio à quarta edição do livro, de 1963. Nas pouco mais de dez páginas do texto, são esboçadas múltiplas possibilidades de análise da obra de Sérgio Buarque de Holanda e de seus "companheiros de geração", Gilberto Freyre e Caio Prado Jr. Foi mesmo, em grande parte, devido ao "Significado de *Raízes do Brasil*" que esses autores foram elevados, em posição de destaque, ao "panteão" do pensamento brasileiro.

É particularmente importante a interpretação a respeito de Sérgio Buarque de Holanda desenvolvida por Maria Odila da Silva Dias em duas introduções: a escrita, em 1985, para o volume da coleção Grandes Cientistas Sociais, da Ática, e a preparada para *Raízes do Brasil* na coleção Intérpretes do Brasil, organizada, em 2000, por Silvano Santiago. Nelas se presta atenção principalmente às influências exercidas por diferentes autores sobre o historiador.

Uma boa interpretação geral sobre a obra de Sérgio Buarque é a de Pedro Meira Monteiro, em *A queda do aventureiro*, livro de 1999, da Editora da Unicamp. Já George Avelino Filho, no artigo "As raízes do Brasil", publicado em 1987 no n. 18 da *Novos Estudos do Cebrap*, defende, sugestivamente, que o autor busca um caminho próprio para a democracia no Brasil. Numa outra linha, Jessé Souza realiza uma interessante avaliação crítica de *Raízes do Brasil* em *A modernização seletiva*, da Editora da UnB, de 2000. Argumenta que o livro sugere as linhas principais de uma "sociologia da inautenticidade brasileira", que vê a modernização brasileira como fundamentalmente superficial.

Capítulo V

Caio Prado Jr.

CAIO PRADO JR. nasce no seio de uma das mais importantes famílias da burguesia cafeeira de São Paulo, os Silva Prado. O ano é 1907, época da República Velha, quando os membros do grupo social de Caio têm amplo domínio na vida social e política brasileira. Entre os barões do café, os Silva Prado são particularmente influentes. A empresa da família, a Companhia Prado-Chaves Exportadora, chega a ser responsável, quando Caio Prado tinha onze anos, pela venda de 2,2 milhões de sacas de café, o que equivale a 20,25% do café exportado pelo porto de Santos na época. Logo, porém, vem a decadência. Na verdade, o melhor período da família, assim como o do café, corresponde ao século XIX.[1]

Caio inicia os estudos com professores particulares, prossegue, com os jesuítas do Colégio São Luiz, sem faltar mesmo uma temporada na Inglaterra. Jovem, faz direito na tradicional Faculdade do Largo de São Francisco.

---

[1] Ver: Darrell E. Levi, *A família Prado,* São Paulo, Cultura 70, 1977.

Começa a ter atuação política com a criação do Partido Democrático (PD) de São Paulo. Fundado em 1926, reúne, num programa liberal e moralizante – em que se destaca a pregação pelo voto secreto, a defesa de um Judiciário livre e das liberdades individuais –, membros da oligarquia e das camadas médias paulista descontentes com a orientação política dominante no país.

Nas eleições de 1930, o PD apóia, contra o candidato oficial Júlio Prestes, a candidatura do gaúcho Getúlio Vargas. Mas, como era comum durante a República Velha, as eleições são fraudadas, dando a vitória ao candidato governista. Dessa vez, porém, os derrotados não aceitam o resultado oficial, levantando-se em armas no movimento que fica conhecido como a Revolução de 1930.

Derrubada a República Velha, Caio Prado Jr. é tomado de esperança, pronto que está em auxiliar na tarefa de transformar o Brasil. É enviado para Ribeirão Preto, onde participa de uma das inúmeras Delegacias Revolucionárias encarregadas de levantar a situação legada pela República Velha. No entanto, a decepção não tarda a chegar. Verifica que o novo governo não promove as punições cabíveis, perpetuando a impunidade e o arbítrio reinantes no país.

A decepção abre, por outro lado, caminho para a radicalização política. Caio Prado passa, então, a desconfiar das possibilidades de transformação efetiva dentro do capitalismo. Desconfiança que não tarda a evoluir para a adesão ao socialismo. Nessa época, filia-se ao Partido Comunista do Brasil (PCB), partido ao qual permanece ligado por quase toda a vida. A opção pelo socialismo é reforçada por uma viagem à URSS.

A adesão ao socialismo é um marco na vida de Caio Prado Jr. A partir dela, sabe que rumo tomar; dedica o resto da vida ao estudo e à militância pela causa que abraçou na juventude. Já em 1933, escreve *Evolução política do Brasil,* livro que é considerado a primeira tentativa séria de utilizar "um método relativamente recente",[2] o materialismo histórico, na interpretação da experiência brasileira. Pouco depois de publicar seu primeiro livro, participa das aulas do curso de História e Geografia, ministradas na recém-fundada Universidade de São Paulo (USP). Em grande parte uma resposta à derrota paulista de 1932, a universidade procura preparar a emergência de uma nova classe dirigente. No entanto, para o estudante já comunista o contato com alguns professores franceses, como o historiador Fernand Braudel, o antropólogo Claude Lévi-Strauss e os geógrafos Pierre Mombeig e Pierre Deffontaines, representa, antes de mais nada, a oportunidade de realizar descobertas intelectuais.

Caio Prado, todavia, não se contenta apenas em estudar. A grande oportunidade de ter atuação política mais ativa se dá em 1935, com a criação da Aliança Nacional Libertadora (ANL). Organização frentista, reúne comunistas e outros grupos de esquerda e antifascistas. Em pouco tempo, a ANL se converte num movimento de massas. Promove manifestações, atua com sindicatos e associações profissionais, publica jornais, como *A Platéia,* em São Paulo.

Com menos de trinta anos, Caio torna-se vice-presidente da seção paulista da Aliança, cujo presidente é o líder tenentista Miguel Costa. Sua atuação é intensa, sendo, na verdade, o principal animador da ANL em São Paulo. Viaja pelo estado realizando palestras e organizando diretórios, escreve artigos para a imprensa partidária, contribui financeiramente para a manutenção da Aliança, etc. Não

---

[2] Prado Jr., *Evolução política do Brasil,* São Paulo, Livraria Martins Editora, 1933, p.7.

por acaso, a experiência aliancista marca o militante; o que há de mais relevante em sua concepção política se forma nesse curto período de intensa atividade.

A ANL é, entretanto, colocada na ilegalidade, o que precipita, em 1935, um levante militar e leva Caio Prado Jr. à prisão. Libertado dois anos depois, exila-se na França. No exterior, começa a escrever *Formação do Brasil contemporâneo: colônia* (1942).

Mas mesmo depois de escrever seu principal livro, Caio Prado continua a não se contentar em ser apenas um intelectual dedicado à pesquisa. Já de volta ao país, funda, em 1942, a Editora Brasiliense. Seu livro seguinte, *História econômica do Brasil* (1945), é publicado por essa editora.

No mesmo período em que dá início à Brasiliense e escreve *História econômica do Brasil*, Caio também participa ativamente da campanha pela redemocratização do país e da luta interna travada no PCB. A repressão da ditadura do Estado Novo (1937 – 1945) praticamente havia dizimado o partido. Os comunistas que não tinham sido mortos, ainda permaneciam na cadeia, estavam no exílio ou se encontravam quase que completamente desorientados.

Nessa situação, formam-se dois grupos no interior do PCB: a Comissão Nacional de Organização Política (CNOP) e os Comitês de Ação. O primeiro defendia que a luta contra o Eixo, na qual o Brasil se engajava na Europa, exigiria a união nacional em torno do presidente Vargas. Já os Comitês de Ação, dos quais Caio Prado Jr. fazia parte, argumentava que não faria sentido lutar contra o fascismo no exterior ao mesmo tempo que se aceitava a ditadura do Estado Novo no Brasil. Na verdade, os mesmos ideais, anti-fascistas, que haviam orientado sua atuação na organização frentista que foi a ANL continuam a nortear o historiador.

Num momento de indefinição na luta interna comunista, Caio Prado chega a dar o nome ao partido que inicialmente congrega a oposição a Getúlio: União Democrática Nacional (UDN). No entanto, quando o eterno secretário-geral do PCB, Luiz Carlos Prestes, se manifesta em favor da CNOP, tem fim a disputa no interior do partido. Caio, como militante disciplinado, aceita a decisão.

Além do mais, continua a engajar-se nas tarefas que lhe são apresentadas. Em 1947, é eleito deputado estadual por São Paulo. No entanto, o PCB é logo colocado na ilegalidade, e os parlamentares do partido são cassados em 1948.

Tenta tornar-se, em 1954, professor de economia política da Faculdade de Direito da Universidade de São Paulo (FD – USP), escola onde, quase trinta anos antes, havia estudado. Para tanto, escreve a tese *Diretrizes para uma política econômica brasileira*. Apesar de aprovado no concurso e de receber o título de livre-docente, Caio Prado Jr. não se torna professor das Arcadas. No entanto, a tese serve para congregar em torno dela um grupo de amigos comunistas que, há algum tempo, não se sentiam muito à vontade com a política e a interpretação do Brasil realizadas pelo PCB.

Eles são os principais responsáveis pela publicação, a partir de 1955, da *Revista Brasiliense*. Esses comunistas não chegam a constituir uma fração, comportando-se mais como um grupo informal, que usa a revista como veículo para realizar estudos mais aprofundados sobre o Brasil, questionar a aliança comunista com o populismo e a tese de que houve feudalismo no país. A *Revista Brasiliense* é um sucesso, mas o golpe militar de 1964 interrompe sua publicação de um momento para o outro.

Ainda profundamente abalado pela derrota, Caio Prado publica, em 1966, *A revolução brasileira*. No livro, tenta entender como uma "simples passeata militar" foi capaz de interromper o avanço popular. Desenvolve argumentos que já haviam aparecido na *Revista Brasiliense*, criticando o que chama de "teoria ortodoxa da revolução brasileira".

O impacto de *A revolução brasileira* é considerável. Devido ao livro, Caio recebe, em 1966, o prêmio Juca Pato de intelectual do ano. O questionamento da tese dos resíduos feudais e a crítica da aspiração comunista de alinhar-se com a burguesia nacional são bem recebidos principalmente por jovens radicalizados pela Revolução Cubana e o golpe militar. Insatisfeitos com a anterior proximidade do PCB com o populismo, pensam encontrar, no livro, argumentos que podem justificar a luta armada.

Essa não é a posição de Caio Prado Jr. Mesmo assim, no clima pesado da época não é difícil encontrar um pretexto para que seja preso. Depois de solto, vai progressivamente saindo de cena. Morre em 1990.

FORMAÇÃO DO BRASIL CONTEMPORÂNEO: COLÔNIA

De acordo com Caio Prado Jr., o Brasil vive, desde a vinda da família real portuguesa, uma transição entre a colônia e a nação. Este seria, portanto, "um longo processo histórico que *se prolonga* até os nossos dias e ainda não está terminado".[3] Assim, a época em que se inicia a transição, os primeiros anos do século XIX, seria um

---

[3] Caio Prado Jr., *Formação do Brasil contemporâneo: colônia*, São Paulo, Livraria Martins Editora, 1942, p. 6.

momento particularmente importante da história brasileira. Não é, conseqüentemente, mero acaso que o principal livro de nosso autor, *Formação do Brasil contemporâneo: colônia,* tenha como objeto precisamente esse período.

Caio Prado escreve esse livro com a intenção de que sirva de introdução para uma "interpretação do Brasil de hoje, que é o que realmente interessa". Tendo isso em mente, propõe-se a fazer "em primeiro lugar um balanço geral da colônia em princípios do século passado, ou antes, naquele período que cavalga os dois séculos que precederam imediatamente o atual". Ter-se-ia "então uma síntese do Brasil que saía, já formado e constituído, dos três séculos de evolução colonial; e tal será o objeto deste primeiro volume. As transformações e vicissitudes seguintes, que nos trouxeram até o estado atual, virão depois".[4] Essa continuação, talvez mais ambiciosa, não chegou, porém, a ser escrita.

Mas Caio sentiu a necessidade de "ir tão longe",[5] até o início do século XIX, no primeiro volume de *Formação do Brasil contemporâneo,* por saber que é precisamente nesse período que se inicia a história contemporânea do Brasil.

O período seria, além do mais, uma espécie de cruzamento histórico, onde, de maneira similar ao trânsito, o passado colonial se encontraria com o futuro da nacionalidade brasileira. Ou, como diz o próprio historiador:

> o momento é decisivo sobretudo por duas circunstâncias: de um lado, ele nos fornece, em balanço final, a obra realizada por três séculos de

---

[4] *Ibid.,* p. 9.
[5] *Ibid.,* p. 6.

colonização e nos apresenta o que nela se encontra de mais característico e fundamental [...]. É uma síntese deles. Doutro lado, constitui uma chave e chave preciosa e insubstituível para se acompanhar e interpretar o processo histórico posterior e resultante dele que é o Brasil de hoje".[6]

Fica claro, por esse tratamento da transição entre a situação colonial e a situação nacional, que a perspectiva de Caio Prado Jr., como historiador, é de entender passado, presente e futuro como partes de um processo de longa duração. Essa transição, que se prolonga, contribui mesmo para que um "passado que parece longínquo, [...] ainda nos [...] [cerque] de todos os lados".[7]

No entanto, na formação social brasileira, o tempo, particularmente, custaria a passar, já que nunca houve ruptura significativa com o passado. Isso contribuiria até para que "uma viagem pelo Brasil" seja "muitas vezes, como nesta e tantas instâncias, uma incursão pela história de um século e meio para trás".[8]

A colonização do Brasil é produto direto da expansão ultramarina européia. Como diz Caio Prado Jr., ela é apenas "um episódio, um pequeno detalhe daquele quadro imenso".[9] Seria, portanto, só a partir da compreensão desse fenômeno maior que se poderia realmente entender a experiência particular da colônia brasileira.

Mas a colonização não assumiu as mesmas características por toda a parte. Como mostrou o economista francês Pierre Leroy Beaulieu, numa linha de interpretação que será depois retomada

---

[6] *Ibid.*, p. 5.

[7] *Ibid.*, p. 9.

[8] *Ibid.*, p. 8.

[9] *Ibid.*, p. 14.

por Celso Furtado, criaram-se principalmente dois tipos de colônia: as de povoamento e as de exploração. Na América, a colonização de povoamento prevaleceu na zona temperada, enquanto a de exploração foi dominante na região tropical e semitropical do continente.

A colonização de povoamento é um novo tipo de colonização que, diferentemente da maior parte dos empreendimentos do gênero, não tem apenas objetivos comerciais. Ocorre numa região afastada, ao norte da Baía de Delaware, ocupada devido a problemas internos da Europa.

Contrastando com o objetivo que anima os colonos puritanos, de efetivamente criar uma sociedade nova na Nova Inglaterra, homens e mulheres que vêm para os trópicos, e, em grau ainda mais acentuado, para o Brasil, seriam movidos quase apenas por considerações comerciais. De início, não pensariam em criar na América uma sociedade nova; na verdade, não pensariam em criar praticamente nada aqui. A esses colonos interessaria apenas o que poderia vir a favorecer seus lucros. Assim, pretenderiam, de forma similar ao tipo aventureiro de Sérgio Buarque de Holanda, somente se dedicar a atividades em que pudessem ser dirigentes da produção de gêneros de grande valor comercial, e não trabalhadores. Conseqüentemente, a ética do trabalho estaria praticamente ausente da colonização brasileira.

No limite, portanto, nem mesmo sociedade existiria nos tempos da colônia. O que prevaleceria então, como já havia sugerido Oliveira Vianna, seria a desorganização: "incoerência e instabilidade no povoamento; pobreza e miséria na economia; dissolução nos costumes; inércia e corrupção nos dirigentes leigos e eclesiásticos".[10]

---

[10] *Ibid.*, p. 355.

No entanto, numa perspectiva original, que abre novos caminhos para a reflexão a respeito do Brasil, Caio Prado insiste também em que a colonização nos trópicos se reduziria quase a "uma vasta empresa comercial".[11] Seria mesmo esse sentido, de empreendimento voltado para a produção de bens primários para o mercado externo, o que forneceria inteligibilidade à obra realizada por portugueses no país. Na verdade,

> nos constituímos para fornecer açúcar, tabaco, alguns outros gêneros; mais tarde ouro e diamante; depois, algodão, e em seguida café, para o comércio europeu. Nada mais que isto. E com tal objetivo, objetivo exterior, voltado para fora do país e sem atenção a considerações que não fossem o interesse daquele comércio, que se organizarão a sociedade e a economia brasileira. Tudo se disporá naquele sentido: a estrutura bem como as atividades do país.[12]

A partir do objetivo mercantil, ou melhor, em função dele, se organizaria o que viria a ser a colônia brasileira. Diferentes elementos se combinariam numa organização social original, bastante distinta da européia, que obedeceria praticamente a um único objetivo: fornecer produtos primários para a metrópole. Criar-se-ia, a partir daí, uma totalidade, a colônia, espécie de corpo social subordinado a outro corpo social, a metrópole.

No todo que é o sistema colonial brasileiro, o seu elemento mais importante seria a grande unidade produtora. A grande exploração, agrícola ou mineradora, se caracterizaria pela "reunião *numa*

---

[11] *Ibid.*, p. 25

[12] *Ibid.*, p. 26

mesma unidade produtora de grande número de indivíduos".[13] A grande exploração seria, portanto, a exemplo do sistema colonial, uma totalidade. Três seriam os elementos constitutivos desse todo que é a grande exploração: 1) a produção de bens de alto valor no mercado externo; 2) em grandes unidades produtivas; 3) trabalhadas pelo braço escravo.

A importância da grande exploração no quadro da colônia é bastante natural, já que esse empreendimento mercantil se organiza para fornecer produtos primários para o mercado externo, o que, como vimos, é precisamente, segundo Caio Prado Jr., o sentido da obra de colonização no Brasil. Assim, apenas o que estaria ligado à grande exploração teria vida orgânica na colônia.

Contudo, se havia no sistema colonial brasileiro uma articulação entre seus elementos constitutivos, criando um todo social orgânico, existiria também uma desarticulação entre a produção, voltada para fora, e o consumo da maior parte da população, elemento inorgânico do sistema. Na colônia, o inorgânico seria, portanto, principalmente o que não pertence à grande exploração. Ou melhor, já que a grande exploração seria, na situação colonial, uma realidade impossível de ser ignorada, inorgânicos seriam os elementos que nela têm um papel subalterno.

Esse setor inorgânico viveria, porém, uma situação caótica. Encontrar-se-iam nessa condição tanto atividades econômicas voltadas para o mercado interno, como a pecuária e a produção de determinados gêneros agrícolas, caso, por exemplo, da mandioca, como toda uma multidão de atividades de difícil classificação ou in-

---

[13] *Ibid.*, p. 117

classificáveis. Os dois tipos de atividade teriam, porém, basicamente um mesmo papel: seriam meros apêndices da grande exploração. Em compensação, a força da grande exploração seria tamanha que ela teria reflexos sobre praticamente tudo que existe na colônia. A estrutura social, a organização política e as formas culturais, todas se subordinariam à grande exploração.

Refletindo o peso da grande exploração, a estrutura social, principalmente nos primeiros tempos, seria bastante simples, os senhores e os escravos aparecendo como seus principais elementos. No entanto, entre "a pequena minoria [de senhores] e a multidão [de escravos]", grupos que não oferecem maiores dificuldades para a análise, "comprime-se o número, que vai avultando com o tempo, dos desclassificados, dos inúteis e inadaptados; indivíduos de ocupações mais ou menos incertas ou aleatórias ou sem ocupação alguma".[14]

Ou seja, o setor inorgânico teria reflexos sociais. O mais complicado é que seria justamente nesse grupo, menos afetado pela grande exploração, que, de acordo com Caio Prado Jr., se encontrariam os fundamentos para a constituição de uma futura nacionalidade brasileira. Mas como chegar a isso, se, em relação ao setor inorgânico, a rigor "não se pode nem ao menos falar em 'estrutura social', porque é a instabilidade e incoerência que a caracterizam, tendendo em todos os casos para estas formas extremas de desagregação social, tão salientes e características da vida brasileira [...]: a vadiagem e a caboclização"?[15]

---

[14] *Ibid.*, p. 279.

[15] *Ibid.*, p. 343

Pode-se considerar o problema por um ângulo simplista e concluir que, diferentemente do que imaginava Caio Prado, do setor inorgânico nada ou pouco se pode esperar. Mas, com esse procedimento, se ficará na superfície da questão, não se entendendo a profundidade e riqueza do pensamento do autor.

Em linhas gerais, Caio sugere que o que é defeito na colônia pode converter-se em qualidade na nação. Até porque a segunda situação deve ser a negação da primeira. Portanto, é naquilo que não pertence inteiramente ao corpo da colônia, seu setor inorgânico, que se deve procurar as bases para a futura nacionalidade brasileira. Se o que caracterizou a vida da colônia foi estar toda ela voltada para fora, para o mercado externo, a nação deve justamente ter como fundamento produzir para dentro, para o mercado interno. Ora, os grupos ativos no setor inorgânico, por escolha ou falta dela, agem direcionados para o mercado interno.

Por outro lado, não é surpreendente que numa sociedade tal como a da colônia, organizada em função de seu setor orgânico, a escravidão seja seu traço mais marcante: "no campo como na cidade, no negócio como em casa, o escravo é onipresente".[16] Influenciaria "todos os setores da vida social, organização econômica, padrões materiais e morais". Ter-se-ia mesmo a impressão de que "nada há que a presença do trabalho servil, quando alcança as proporções de que fomos testemunhas, deixe de atingir".[17]

A adoção dessa forma de trabalho, que na colônia tudo absorveria, não seria, porém, óbvia. Ressurge na América quase mil anos depois de ter desaparecido na civilização ocidental. Estaria, por-

---

[16] *Ibid.*, p. 277.

[17] *Ibid.*, p. 267.

tanto, diretamente ligada às exigências que a expansão ultramarina européia criou.

Caio Prado Jr. justifica, de maneira tradicional, a adoção do trabalho servil em face do imenso desafio que representava a colonização de um território das dimensões do Brasil por um país com parcos recursos e população reduzida como Portugal. Mesmo assim, não deixa de aludir à influência nefasta da escravidão. Nota seu papel na decadência dos países ibéricos, mas, sobretudo, assinala que as "nascentes colônias americanas [...] se formaram neste ambiente deletério; [onde] o trabalho servil será mesmo a trave mestra de sua estrutura, o cimento que se juntarão as peças que as constituem. Oferecerão por isso um triste espetáculo humano".[18]

O principal, e pior, impacto da escravidão seria o de negar ao trabalhador sua humanidade. Reduziria o homem à sua "mais simples expressão, pouco senão nada mais que o irracional", já que para o empreendimento colonial interessaria dele "o ato físico apenas, com exclusão de qualquer outro elemento ou concurso moral. A 'animalidade' do Homem, não a sua 'humanidade'". É difícil imaginar algo mais brutal. Considerações mercantis fariam com que a reificação da qual era vítima o escravo fosse quase completa; o escravo sendo encarado como o equivalente a um simples instrumento de trabalho. Como conseqüência dessa situação, o próprio trabalho passaria a ser considerado como uma "ocupação pejorativa e desabonadora".[19]

Caio Prado nota também que, em razão da escravidão, "existiu sempre um forte preconceito discriminador de raças" no Brasil.

---

[18] *Ibid.*, p. 269.

[19] *Ibid.*, p. 277.

Considera, portanto, que esse preconceito não tem motivos biológicos, mas históricos e sociais. Ou seja, ele não é, para o historiador marxista, o produto da pretensa animosidade que sempre teria existido entre os grupos étnicos, mas de certas condições históricas e sociais, portanto, modificáveis. Reconhece, porém, que a raça pode "agravar uma discriminação já realizada no terreno social. E isto porque empresta uma marca iludível a esta diferença social".[20]

Mas mesmo alguém tão perceptivo como o autor de *Formação do Brasil contemporâneo: colônia* é incapaz de fugir inteiramente ao racismo predominante na época em que escreve. Fala em diversos momentos dos problemas resultantes da força de trabalho do período colonial ser constituída sobretudo por índios e negros. Em outros trechos, não menos significativos do livro, o autor sugere, contudo, que muitas das características negativas que se atribuem aos escravos, e às quais nem ele mesmo consegue escapar inteiramente, são, em grande parte, resultado de terem eles sido obrigados a viver em ambiente completamente diferente do original.

Mas em quadro onde a escravidão tinha tamanho peso, não é difícil perceber que não havia grande espaço para a política e a cultura, mesmo porque haveria no Brasil de então uma "ausência quase completa de superestrutura".[21]

Na política, prevaleceria, durante os primeiros anos da colônia, como mostrara *Evolução política do Brasil*, o poder de fato dos senhores locais, entre outras razões, porque os interesses desse grupo não se chocariam com os da Coroa portuguesa. A situação da cul-

---

[20] *Ibid.*, p. 272.
[21] *Ibid.*, p. 341.

tura seria ainda mais desalentadora uma vez que as relações servis seriam e permaneceriam sendo "relações puramente materiais de trabalho e produção, e nada mais acrescentarão ao complexo cultural da colônia".[22] Mesmo assim, Caio Prado Jr. não deixa de assinalar que, a partir da grande exploração, se formaria a família patriarcal brasileira.

Nesse ambiente, os senhores brasileiros assumiriam uma atitude paternalista em relação a seus escravos e dependentes, apesar de não encontrarmos "neles nada que nos autorize a" considerá-los como "humanos e complacentes; [...] pelo contrário, o que sabemos deles nos leva a conclusões bem diversas".[23] De qualquer forma, as relações que se formariam ao redor da grande família patriarcal serviriam para reforçar a dominação do senhor, ao dotá-la de maior legitimidade.

Mas, fora da casa grande, faltaria à vida colonial o que Caio Prado Jr. chama de nexo moral. Diversamente do que acredita Gilberto Freyre, a família seria pouco importante e a religião, mesmo entre os grandes proprietários, se reduziria "a um esqueleto de práticas exteriores e maquinais vazio de qualquer sentimento elevado".[24] Essa ausência de nexo moral faria mesmo com que "a sociedade colonial se defina antes pela desagregação, pelas forças dispersas"[25] do que por algo positivo.

***

[22] *Ibid.*, p. 342.
[23] *Ibid.*, p. 275.
[24] *Ibid.*, p. 355.
[25] *Ibid.*, p. 344.

A grande contribuição de Caio Prado Jr. ao estudar a colônia é mostrar que se pode entender o Brasil sobretudo pelo "sentido" que assumiu a colonização no país. Por ter compreendido esse sentido – de empreendimento comercial voltado para a produção de gêneros tropicais para o mercado externo – pôde revelar o que foi a essência da experiência colonial brasileira. Assim, o retrato que fornece da colônia não é de mero amontoado de eventos e características combinados aleatoriamente, mas de uma certa sociedade que, mesmo problematicamente, começa a se formar.

Caio Prado, em lugar de procurar feudalismo onde não há, trata a colônia e a grande exploração, seu aspecto mais característico, como totalidades. Portanto, apesar de seu pretenso economicismo, presta atenção aos diferentes elementos – sociais, políticos e até culturais – constitutivos da colônia brasileira. Ao mesmo tempo, traça um retrato da grande exploração, base da colônia, como sistema, em que suas partes constitutivas – a grande propriedade, o trabalho escravo e a produção voltada para o mercado externo – se articulam organicamente.

Fica claro, por esse tratamento da colônia, que o historiador marxista tem plena consciência da necessidade que tem o observador da realidade social de apreendê-la como totalidade. O que se confirma até pela forma como constrói a exposição de *Formação do Brasil contemporâneo: colônia*. O método do livro é claramente de "elevar-se do abstrato ao concreto". Dessa forma, parte do que havia de mais abstrato na colônia, o sentido da colonização, e vai progressivamente se aproximando dessa unidade do diverso, totalidade, que é a vida colonial. Ou seja, num processo de síntese, vai reconstruindo o concreto colonial por etapas, até entendê-lo como totalidade.

Mostra assim como se realizou o sentido da colonização, empresa mercantil voltada para a produção de gêneros de alto valor no comércio internacional. Para isso, analisa sucessivamente as formas como se processou o povoamento do Brasil e como se organizaram a vida material, a vida social e política da colônia. De forma excessivamente esquemática, pode-se resumir a realização de Caio Prado Jr. na seguinte fórmula: ele demonstra como, para produzir bens primários para o mercado externo, um certo contingente populacional, tendo como veículo principal o empreendimento mercantil da grande exploração, se organizou numa sociedade dominada por grandes proprietários.

Interpretações

Como Oliveira Vianna, Gilberto Freyre e Sérgio Buarque de Holanda, Caio Prado Jr. nota a presença determinante da família patriarcal no Brasil. Provavelmente influenciado por alguns desses autores, chega a afirmar que, com o tempo, o grande domínio "de simples unidade produtora, torna-se [...] célula orgânica da sociedade colonial; mais um passo, e será o berço do nosso 'clã', da grande família patriarcal brasileira".[26]

Nessa postura, vai inclusive além do pretenso economicismo do marxismo, notando que as relações desenvolvidas a partir da grande exploração serviriam para reforçar o poder dos proprietários rurais, ao torná-lo mais aceito pelos demais homens e mulheres da colônia. Isto é, apesar de notar que, numa sociedade baseada na

---

[26] *Ibid.*, p. 286.

escravidão, o espaço para a superestrutura é pequeno, não deixa de perceber que o domínio dos senhores brasileiros não se assentava exclusivamente na força física. Mas, diferentemente de seus antecessores, o historiador marxista não considera que as formas sociais prevalecentes no país seriam assimiláveis ao feudalismo. Numa outra orientação, também a Internacional Comunista (IC) e, a partir dela, o PCB e a maior parte da esquerda brasileira enxergavam na formação social brasileira, assim como em outros países que chamavam de "coloniais, semicoloniais e dependentes", características similares ao feudalismo. A partir daí, consideravam que seria necessário realizar uma revolução burguesa, nos moldes da Revolução Francesa, para pôr fim a pretensos resíduos feudais.

O autor de *Formação do Brasil contemporâneo: colônia* não vê, ao contrário, o que chama de grande exploração – grande unidade produtora agrícola ou mineradora trabalhada pelo braço escravo – como auto-suficiente. Na verdade, sua razão de ser seria produzir bens demandados pelo mercado mundial capitalista então em constituição. Nisso, Caio Prado inaugura uma nova linha de interpretação do Brasil. Fazem parte dela autores como Roberto Simonsen, Celso Furtado, Raymundo Faoro e os marxistas uspianos, todos eles compartilhando a postura de atribuir grande importância a fatores externos na determinação dos destinos do Brasil.

Caio, em particular, indica que a história brasileira está relacionada, desde seu início, com o capitalismo, mesmo que o capitalismo aqui desenvolvido não seja qualquer capitalismo, mas um certo capitalismo. Assim, as condições que existem no Brasil seriam diferentes das prevalecentes tanto nos países de capitalismo avançado da Europa e da América do Norte quanto nos países coloniais e semicoloniais da África e da Ásia. Para chegar a tais conclusões, parte de referências marxistas. No que nos interessa especialmente aqui, trata a colônia como uma totalidade, dotada de um certo sentido, e não como mero amontoado de tendências díspares. Como insiste Georg Lukács, "a categoria da totalidade, a supremacia do todo sobre as partes, é a essência do método que Marx herdou de Hegel e brilhantemente transformou na fundação de uma ciência completamente nova".[27] Na mesma orientação, Caio Prado Jr. considera que, apesar de a história ser feita de um "cipoal de incidentes secundários", que podem até mesmo nos confundir, há um certo "sentido" que lhe confere inteligibilidade, o que reflete o fato de que "todos os momentos e aspectos não são apenas partes, por si só incompletas, de um *todo* que deve ser sempre o objetivo último do historiador".[28]

O ponto de vista da totalidade oferece inclusive vantagens para a interpretação de Caio Prado da colônia em relação a outras análises do período. Por exemplo, seus "companheiros de geração", Gilberto Freyre e Sérgio Buarque de Holanda, chamam a atenção para aspectos relevantes da vida colonial – em especial, a formação da família patriarcal e a atuação do *éthos* do aventureiro no Brasil – mas são incapazes de explicar como essas características se combinam. Assim, não é possível, partindo da família patriarcal e do *éthos* do aventureiro, perceber como se estabeleceu o "sentido da colonização". Em sen-

---

[27] George Lukács, *History and class consciousness*, trad. Rodney Livingstone, Cambridge, The MIT Press, p. 27.

[28] Prado Jr., *op. cit.*, p. 13.

tido inverso, pode-se, a partir do "sentido da colonização", entender a criação da família patriarcal e a atuação do *éthos* aventureiro no Brasil.

A forma como Caio Prado interpreta o Brasil o aproxima inclusive do que fizeram outros autores que, desde Vladimir I. Lênin, procuraram traduzir o marxismo às suas condições nacionais. Nessa empreitada, juntam-se, por exemplo, o italiano Antonio Gramsci e o peruano José Carlos Mariátegui. Eles, como o autor brasileiro, ao mesmo tempo que percebem a debilidade de suas nações – fruto de revoluções que não chegaram a completar-se, o *Risorgimento* italiano e as independências peruana e brasileira –, têm como objetivo final o socialismo. Sabem, entretanto, que o socialismo não surgirá abstratamente do nada, mas de condições bastante concretas, relacionadas com a constituição das nações italiana, peruana e brasileira.

Pode-se mesmo considerar que o grande tema de Gramsci, Mariátegui e Caio Prado Jr. é coincidente: o passado nacional. O que não deriva apenas de uma possível crença compartilhada na afirmação do filósofo italiano Benedetto Croce, de que "toda história é história contemporânea"; que também deriva do fato de que na Itália, no Peru e no Brasil, o passado é, como nota o filósofo mexicano Leopoldo Zea, antes de tudo um obstáculo, isto é, algo que impede a realização do presente e do futuro. Assim, a influência da Igreja Católica, herdeira das pretensões de universalidade do Império Romano, dificulta a constituição de uma nação italiana; a forma como desde a Conquista são tratados os índios, de uma nação peruana; e o sentido que teve a colonização do Brasil, de uma nação brasileira.

Tem-se mesmo a impressão de que, em países como o nosso, diferentes épocas históricas se sobrepõem, possibilitando, ao estudioso, de maneira similar ao arqueólogo, observá-las quase que simultaneamente. Boa parte das realizações de Caio Prado talvez venham justamente daí, da percepção de que a história brasileira é uma história feita sem ruptura significativa com a orientação que vem da colônia.

INDICAÇÕES DE LEITURA

Algumas informações sobre a biografia de Caio Prado Jr. se encontram na Introdução ao volume dedicado ao autor da coleção Grandes Cientistas Sociais, da Editora Ática, organizada, em 1982, por Francisco Iglesias. Paulo Martinez, na sua tese de doutorado, *A dinâmica de um pensamento crítico: Caio Prado Jr.* (1928 – 1935), defendida, em 1998, no Departamento de História da USP, traz importantes subsídios sobre a formação intelectual e política do autor. A biografia intelectual de Caio Prado Jr. é esboçada em outra tese, defendida no Departamento de História da USP: Paulo Iumatti, "*Caio Prado Júnior, historiador e editor*", 2001.

Os melhores trabalhos sobre Caio Prado Jr. são os realizados por seu discípulo, Fernando Novais: "Caio Prado Júnior historiador", publicado, em 1983, no n. 2. da *Novos Estudos Cebrap*; "Caio Prado na historiografia brasileira", que saiu em 1986, no livro *A inteligência brasileira*, organizado por Ricardo Antunes, Vera Ferrante e Reginaldo Moraes para a Editora Brasiliense; e a Introdução à *Formação do Brasil contemporâneo: colônia*, da coletânea Intérpretes do Brasil, organizada, em 2000, por Silvano Santiago para a Editora Aguilar.

Neles, fica indicado como Novais aprofunda o argumento de Caio Prado Jr. sobre o "sentido da colonização", mostrando como ele está relacionado à acumulação primitiva de capital. Um bom livro que analisa o conjunto da obra de Caio Prado Jr. sobre o Brasil é o de Rubem Murilo Leão Rego, *Sentimento do Brasil*, publicado, em 2000, pela Editora da Unicamp. De minha parte, discuto esses trabalhos do autor pelo ângulo de sua relação com o marxismo, em *Caio Prado Jr. e a nacionalização do marxismo no Brasil*, da Editora 34, também de 2000. Já Raimundo Santos, em *Caio Prado Júnior na cultura política brasileira*, livro publicado em 2001 pela Mauad, trata principalmente da sua relação com o PCB.

Uma coletânea com artigos muito interessantes sobre Caio Prado Jr. é a publicada, em 1989, pela editora que fundou, a Brasiliense: *História e ideal*. Entre os ensaios, são especialmente sugestivos o de Maria Odila Silva Dias, "Impasses do inorgânico", e o de Carlos Nélson Coutinho, "Uma via não clássica para o capitalismo". O primeiro trata principalmente da relação entre o que a autora chama de setor orgânico e inorgânico, e o segundo aponta para a originalidade de sua análise sobre a independência, em certos pontos, próxima da interpretação de Gramsci sobre a unificação italiana.

Capítulo VI

Raymundo Faoro

Raymundo Faoro nasce em 1925, em Vacaria, no Rio Grande do Sul. Filho de modestos agricultores de origem italiana, logo muda para Caçador, Santa Catarina, onde faz seus estudos primários e secundários. Retorna ao estado natal para cursar direito na Universidade Federal do Rio Grande do Sul (UFRS). No começo da década de cinqüenta, muda novamente, agora para o Rio de Janeiro. Na então capital federal, torna-se, por concurso, procurador do Estado.

Em 1958, publica *Os donos do poder,* cujo título deveria ser "Formação do patronato político brasileiro". É por sugestão do também escritor gaúcho Érico Veríssimo que o livro ganha um novo nome, convertendo-se o título original em subtítulo. Apesar de *Os donos do poder* receber, no ano seguinte à sua publicação, o prêmio José Veríssimo da Academia Brasileira de Letras (ABL), é pequena de início a repercussão do livro.

Situação que muda em 1975, quando o livro é reeditado. Pouco antes, seu autor arriscara uma interpretação sociológica da obra de Machado de Assis *A pirâmide e o trapézio,* que também não tivera grande repercussão. Mas, além de *Os donos do poder* ter mudado de uma edição para outra – praticamente triplicou de tamanho, passando de 271 para 750 páginas, sem contar as notas de rodapé, que, de 140, chegaram a 1335, agora com citações de obras sociológicas e historiográficas alemãs no original, quando, antes, se recorria a traduções espanholas –, alterou-se principalmente o ambiente político do país.[1]

Os dezessete anos que separam a primeira da segunda edição de *Os donos do poder* viram seu autor, nas palavras do jornalista Mino Carta, converter-se de *outsider* numa espécie de profeta.[2] Isto é, era quase inevitável que a interpretação do Brasil esboçada por Faoro, em que ressalta o peso sufocante do Estado sobre a sociedade, como que caísse no vazio nos anos cinquenta, época em que as esperanças se concentravam no desenvolvimento capitaneado pelo Estado. No entanto, anos depois, em meio às brumas do autoritarismo, essa mesma interpretação, não modificada nas suas linhas gerais, parece capaz de dotar de inteligibilidade a ação de um dos setores do que Faoro chama de estamento burocrático: as forças armadas.

Em meio ao novo clima político, o autor de *Os donos do poder* é eleito, em 1977, presidente da Ordem dos Advogados do Brasil (OAB). Numa situação em que os órgãos tradicionais de representação política, como os partidos e o parlamento, estão asfixiados, ganham importância organismos da chamada sociedade civil, como a OAB, a Associação Brasileira de Imprensa (ABI), a recém-reconstituída União Nacional dos Estudantes (UNE) e os sindicatos.

---

[1] Ver: Francisco Iglesias, "Revisão de Raymundo Faoro" in *Cadernos do Departamento de Ciência Política*, n. 3, 1976.

[2] Ver: Mino Carta, "E o que diria o profeta?" in *Carta Capital*, 01/02/2006.

A presidência de Faoro na OAB tem, inclusive, que enfrentar dilemas sérios. O principal deles diz respeito a como uma associação profissional pode resistir ao arbítrio, encarnado no governo de então, sem cair numa posição partidária. A OAB consegue escapar à armadilha, assumindo a posição de que num momento de exceção não fala só por si, mas por toda a sociedade. Certas reivindicações particularmente caras aos advogados, como a restauração do *habeas corpus*, prestam-se especialmente bem à tarefa. Nessa posição, Faoro também impulsiona outras campanhas, como a pela convocação de uma Assembléia Constituinte, o que finalmente ocorre em 1988.

Como sinal da importância que adquire a organização que então preside, ele chega a ser recebido pelo presidente Ernesto Geisel, numa das primeiras iniciativas da abertura política. Data também dessa época a colaboração do jurista gaúcho na imprensa, que durou praticamente até sua morte.

A atuação de Faoro à frente da OAB está, além do mais, firmemente amparada na sua interpretação do Brasil. O Prefácio à segunda edição de *Os donos do poder* – texto excepcionalmente curto, de não mais de duas páginas, num livro tão longo – dá algumas pistas do caminho que seguiu no trabalho. Diz não aceitar a interpretação marxista para a qual o Estado agiria de forma mais autônoma apenas em momentos históricos excepcionais de equilíbrio entre as classes fundamentais, como o absolutismo e o bonapartismo. Mas também adverte que, apesar da afinidade de *Os donos do poder* com certas categorias weberianas, não esposa o que se poderia chamar de um weberianismo "ortodoxo".

Fato que é confirmado já no início do livro, onde, como chama a atenção Luiz Werneck Vianna, o discípulo gaúcho, diferente do mestre alemão, não insiste na afinidade entre calvinismo e capitalismo, mas na desejável precedência do capitalismo pelo feudalismo.[3] Estaria aí, para Faoro, a chave da excepcionalidade portuguesa e depois brasileira. A experiência de dominação tradicional da metrópole praticamente não teria conhecido feudalismo, tendo sido quase imediata a transição do patriarcalismo para o patrimonialismo.

Portugal, sem também passar pela primeira forma de dominação tradicional, a gerontocracia, o governo dos mais velhos, teria sido originalmente administrado de acordo com os preceitos do patriarcalismo. Nele, não existiria ainda quadro administrativo, a nação sendo governada como a casa, *oikos*, do senhor, pelos seus companheiros. A economia, basicamente agrária, seria natural, voltada para o consumo.

Com o desenvolvimento da economia monetária e, progressivamente, a partir dela, do comércio, do mercado e das cidades, o patrimonialismo teria aparecido. Os companheiros do rei teriam se convertido em súditos e se estabeleceria quadro administrativo. Dessa maneira, os poderes de mando e as oportunidades econômicas passariam a ser apropriadas pelo quadro administrativo, que não estaria separado dos meios de administração.

A partir daí, haveria também a formação de estamentos. Baseados no modo de vida, agiriam como comunidades, regidos por qualidades partilhadas por seus membros, notadamente a honra. Já as classes teriam uma existência potencial, definida pelo tipo de

---

[3] Ver: Werneck Vianna, "Weber e as interpretações do Brasil" in Souza, *O malandro e o protestante*, Brasília, Editora da UnB, 1999.

propriedade e de serviço que poderiam oferecer no mercado. Dessa maneira, os estamentos se definiriam no consumo, as classes na produção. O estamento corresponderia a uma estratificação social baseada na honra, enquanto a situação de classe se determinaria no mercado, que desconheceria distinções pessoais.

Em consonância com sua análise do Estado português e brasileiro, Faoro, seguindo Weber, insiste em que, a fim de as classes se desenvolverem plenamente, seria necessário que encontrassem um ambiente propício, um mercado desimpedido. No entanto, a ação de um príncipe patrimonialista, como o rei de Portugal, que estabelecia monopólios e privilégios, abortaria essa possibilidade, subordinando o mercado a imposições do Estado.

Anos depois da publicação de *Os donos do poder*, na década de noventa, quando o Brasil vive o desmantelamento do chamado Estado desenvolvimentista, muitos enxergam nessa iniciativa a realização do programa do livro. Faoro é, contudo, crítico das mudanças, interpretando-as como mais uma tentativa do estamento burocrático de se adaptar a transformações da economia mundial e de manter seu domínio.[4]

De qualquer maneira, esse é o período de consagração definitiva do autor, que, em 2002, é eleito para a Academia Brasileira de Letras (ABL), falecendo no ano seguinte.

---

[4] Ver, por exemplo: Faoro, "A aventura liberal numa ordem patrimonialista" in *Revista USP*, São Paulo, n. 17, 1993; "Sérgio Buarque de Holanda: analista das instituições brasileiras" in Candido (org.), *Sérgio Buarque de Holanda e o Brasil*, São Paulo, Editora Fundação Perseu Abramo, 1998.

OS DONOS DO PODER

A partir de referências weberianas, Faoro reconstitui a história de Portugal e do Brasil, ressaltando a relação de subordinação da sociedade ao Estado que marcaria os dois países. O Estado português se originaria de uma monarquia agrária e guerreira. Mas nela, de forma curiosa, persistiriam padrões administrativos presentes desde o período de dominação romana.

No reinado de Dom Fernando, a nova orientação mercantil teria possibilitado que esses já antigos padrões administrativos recobrassem força. A disputa sucessória, vencida pelo Mestre de Avis (1385), consolidaria a tendência, marcando, já no século XIV, a derrota do feudalismo. Os reis, a partir daí, não se apoiariam mais nos proprietários de terra, mas nos funcionários, sustentados economicamente pela burguesia comercial.

Dataria dessa época a imagem do Estado "como realidade acima das classes e que lhes determina a posição". Essa situação contribuiria para que em Portugal, assim como na Itália, o Estado fosse visto "como criação calculada e consciente, como obra de arte", como assinalou o grande historiador do Renascimento, Jakob Burkhardt.[5]

Em outros termos, se formaria no reino lusitano um Estado absolutista precoce, que abriria caminho para o patrimonialismo. A aventura marítima teria contribuído para destruir definitivamente a aristocracia feudal. Paralelamente, o que passaria a nobilitar "são os postos e os cargos";[6] o estamento, inicialmente aristocrático, burocratizando-se.

---

[5] Faoro, *Os donos do poder*, Rio de Janeiro, Editora Globo, 1958, p. 9.

[6] *Ibid.*, p. 33.

O estamento burocrático se comportaria, desde então, como "proprietário da soberania".⁷ Ou seja, o aparecimento do estamento burocrático, no interior do patrimonialismo, seria o principal veículo para que se realizasse a cisão entre o Estado e a nação.

Faoro concorda com a teoria das elites em que "todas as organizações sociais, em todos os tempos, são governadas por minorias".⁸ O estamento burocrático não se confundiria, porém, com a classe dirigente. Em sentido oposto, ele também não seria exatamente igual ao quadro administrativo, que existiria inclusive na democracia. Isto é, diferentemente da classe dirigente e do quadro administrativo, o estamento burocrático agiria como comunidade que se comporta como proprietário da soberania.

O patrimonalismo também estimularia o surgimento de um capitalismo politicamente orientado, em que as atividades mercantis se subordinariam às necessidades do Estado. O rei promoveria monopólios e privilégios, bloqueando o livre desenvolvimento do mercado e, com ele, o das classes. Portugal não conseguiria, dessa maneira, ultrapassar a fase do capitalismo mercantil.

Nesse quadro, ocorreria a descoberta do Brasil. O país, ao longo de sua história colonial, reproduziria as três formas de colonização ensaiadas pelos povos europeus em suas possessões: no período da exploração do pau-brasil, as feitorias; a partir do estabelecimento das capitanias hereditárias (1530), a colônia de exploração; e, finalmente, com a vinda da Corte portuguesa (1808), a colonização propriamente dita.

---

⁷ *Ibid.*, p. 262.

⁸ *Ibid.*, p. 44.

A ocupação do território e a colonização teriam sido, diversamente da experiência das colônias inglesas da América do Norte, obras do rei, mesmo que, com vistas a esses objetivos, se servisse, porventura, de préstimos de particulares, como os donatários das capitanias e os bandeirantes. A diferença entre os dois desenvolvimentos refletiria, por sua vez, o estágio em que se encontrava o Estado nas respectivas metrópoles, absolutista em Portugal, e uma espécie de híbrido feudal-capitalista na Inglaterra. Donatários e bandeirantes não seriam, entretanto, propriamente funcionários, mas agiriam como agentes da Coroa.

Faoro admite, todavia, que as capitanias representam uma tendência de descentralização na história brasileira. Nelas se encontrariam, de certa maneira, as raízes de outros movimentos que reivindicaram a autonomia local e das próprias oligarquias, que continuavam a ser uma forte presença no Brasil quando Faoro escrevia, em meados do século XX. Melhor, junto com a orientação centralizadora dominante, que refletiria o patrimonialismo, uma "ideologia, que veio das capitanias, continuará a fluir como corrente subterrânea, pressionando para vir à tona, e logrando vitórias incompletas, como a Independência, a Abdicação e a República".[9] A criação do governo-geral, em 1548, teria, porém, revertido a tendência descentralizadora, estabelecendo a centralização como orientação dominante na história do país.

A estratificação social da colônia seria bastante simples: ao lado do estamento burocrático, se encontraria a classe proprietária dos senhores rurais, a classe lucrativa dos comerciantes e os negativa-

---

[9] *Ibid.*, p. 128.

mente privilegiados, "os trabalhadores qualificados e braçais dos engenhos, técnicos em minas, livres e escravos", no meio dos quais se encontravam também "os profissionais liberais, caixeiros-viajantes, etc."[10]

Na colônia, seria comum o conflito entre classe proprietária e classe lucrativa. Mas, do mesmo modo que em Portugal, os comerciantes, aliados ao estamento burocrático e dependentes do capitalismo politicamente orientado, teriam prevalecido sobre os senhores rurais. Os potentados locais seriam forçados, desde então, a ficarem confinados às suas fazendas.

Antes da transmigração da família real portuguesa para o Brasil, em 1808, não existia nenhum sentimento nacional, a unidade aparecendo apenas no estamento burocrático. Com a vinda da Corte, os senhores rurais brasileiros sairiam de seu isolamento, encontrando pela frente funcionários e comerciantes portugueses. A solução da independência representaria uma vitória dos brasileiros.

O sucesso seria, porém, momentâneo. Não tardaria para que o estamento burocrático voltasse a dar as cartas no país, como já teria ficado claro com a promulgação da Constituição de 1824. Com ela, o estamento burocrático passaria a se sustentar no poder executivo, no Senado vitalício, no Conselho de Estado e, principalmente, no Poder Moderador, elementos que, durante todo o Império, garantiriam a manutenção de seu domínio.

Brasileiros, apoiados no liberalismo, não se contentam com o arranjo, voltando seus ataques contra o primeiro imperador, que era apoiado por portugueses com tendências absolutistas. Os liberais

---

[10] *Ibid.*, p. 109.

dividem-se em "exaltados" e "moderados", ambos unidos no combate ao poder pessoal de Dom Pedro I, mas os primeiros também defensores do federalismo e alguns até simpáticos à democracia. Os liberais conseguem, com o apoio do exército, forçar a abdicação de Pedro I (1831). No período da Regência, ensaiam-se reformas liberais, que deveriam mudar a orientação do país.

Mas com a morte de Dom Pedro I (1834), o caminho se abre para que os restauradores se unam aos liberais moderados, formando o Partido Conservador. Já em 1837, o "Ministério das Capacidades" marca o regresso conservador. No ínterim entre a abdicação de Dom Pedro I e o regresso conservador a sociedade teria, de acordo com Faoro, se modificado significativamente. A maior parte dos senhores rurais teria retornado às suas terras, incorporando-se à administração os que não teriam procedido dessa maneira, o que teria levado a um verdadeiro alargamento do estamento burocrático.

Assim, o estamento burocrático se reconstituiria no Segundo Reinado (1840 – 1889). O Poder Moderador fazia e desfazia gabinetes, como que brincando de parlamentarismo, ao mesmo tempo que desconheceria a vontade popular. Nessa situação, "o domínio de cima, despótico, absoluto, era possível porque a nação fora triturada, amarrada ao carro do Estado, de pés e mãos atadas, pela organização centralizadora".[11] Segundo Faoro, Dom Pedro II não passa, entretanto, de uma peça na engrenagem do patrimonialismo.

Com a queda do gabinete de Zacarias Góis e Vasconcelos (1868), cresce a insatisfação com as maquinações do Poder Moderador e o Partido Liberal recobra força. Contra os conservadores, os liberais

---

[11] *Ibid.*, p. 187.

insistem na necessidade de reformas políticas, que permitiriam a livre manifestação da nação.

No entanto, a Abolição (1888) e as chamadas questões religiosa e militar fariam com que o Império perdesse seus suportes, fossem eles representados pela propriedade rural ou pelas seções da Igreja e do Exército do estamento burocrático. A ação do Exército, em particular, sela o fim da monarquia.

Refletindo essa situação, nos anos imediatamente posteriores à proclamação da República (1889), o Exército prevalece. No entanto, a partir da presidência de Prudente de Morais, reapareceria, com força, a tendência subterrânea da história brasileira que, desde as capitanias, se chocaria com o domínio do estamento burocrático. Por um certo período, a "política dos governadores" venceria o estamento burocrático, mas não o aniquilaria. Como é habitual no Brasil, o estamento burocrático se rearticularia, até tornar-se capaz de voltar à tona.

A Revolução de 1930, que teve nas forças armadas uma de suas principais promotoras, apareceria, assim, como momento em que a história brasileira retorna a seu curso dominante, na relação de tutela da sociedade pelo Estado. Faoro sugere mesmo que o papel desempenhado, durante o Império, pelo Poder Moderador, passa agora ao Exército. No mais importante, porém, não teria ocorrido grande mudança no Brasil, o estamento burocrático continuando a se comportar como árbitro da nação.

Mesmo desenvolvimentos aparentemente novos, como a relação do líder com as massas, em que ele apareceria como uma espécie de "pai dos pobres", já estariam contemplados pelo patrimonialismo, tal como analisado por Weber. Também a indústria, que ganha força então, seria artificial, protegida, no quadro de capitalismo politicamente orientado, pelo Estado.

INTERPRETAÇÕES

É possível, como sugere José Murilo de Carvalho, apontar para a existência de duas linhas de interpretações sobre a relação entre Estado e sociedade no Brasil. De um lado, uma tradição ligada, por exemplo, à análise de Oliveira Vianna, que enfatiza as tendências desagregadoras da sociedade; de outro lado, a interpretação que tem em Faoro seu principal nome, que ressalta a opressão da nação pelo Estado.[12] A primeira perspectiva põe ênfase no poder privado dos grandes proprietários territoriais diante do Estado como marca principal da sociedade e da política brasileiras. Já a perspectiva "estatista" privilegia, como elemento fundamental do processo histórico brasileiro, o peso do Estado a moldar a nação.

O tipo de análise de Faoro, que enfatiza a subordinação da sociedade ao Estado no Brasil, não deixa, assim, de ter antecedentes em outros autores. O liberal Tavares Bastos, já no século XIX, considerava que a relação entre Estado e sociedade no Brasil assumia características quase "asiáticas". No entanto, o autor de *Cartas do solitário* não podia contar com o instrumental teórico weberiano, que torna possível a *Os donos do poder* enquadrar o caso brasileiro na categoria mais ampla de dominação tradicional patrimonialista.

Por outro lado, Faoro não é o primeiro cientista social brasileiro a se servir da análise weberiana. Antes dele, Sérgio Buarque de Holanda fez uso de categorias originalmente elaboradas pelo sociólogo alemão, chegando inclusive a falar na existência de patrimonialismo no Brasil.

---

[12] Ver: Carvalho, "Mandonismo, coronelismo, clientelismo: uma discussão conceitual" in *Pontos e bordados: escritos de história e política*, Belo Horizonte, Ed. UFMG, 1998.

No entanto, como o próprio Faoro assinala, a maneira de o historiador paulista entender o patrimonialismo em seu livro de estréia ainda pertence fundamentalmente a outro momento do pensamento social e político brasileiro, aquele que insistia na influência do patriarcalismo na formação da sociedade brasileira.[13] Ou melhor, Holanda vê o comportamento do funcionário patrimonial como uma extensão, em direção a outras esferas, das práticas prevalecentes na família patriarcal, o que caracterizaria uma "invasão do público pelo privado".[14]

A forma de *Os donos do poder* interpretar o patrimonialismo é, porém, diferente e até oposta à de *Raízes do Brasil*. Para Faoro, o dominante no Brasil não é o ambiente doméstico, onde se desenvolve o patriarcalismo, mas o estatal, com o qual está relacionado o patrimonialismo.

Estão mais de acordo com o tipo de interpretação de *Os donos do poder* alguns trabalhos posteriores, como *Bases do autoritarismo brasileiro*, de Simon Schwartzman, e *O minotauro imperial*, de Fernando Uricocheia.[15] Esses livros apareceram depois do golpe de 1964, quando se procurou compreender os antecedentes do autoritarismo no Brasil. Nesse clima de opinião, a segunda edição de *Os donos do poder* teve, como vimos, muito mais sucesso do que a primeira. Num viés crítico, essa linha de interpretação do país, que destaca a importância do Estado patrimonialista, pode ser censurada por não dar a devida atenção a fatores sociais mais amplos,

---

[13] Ver: Faoro, "A aventura liberal numa ordem patrimonialista", *op. cit.*

[14] Holanda, *Raízes do Brazil, op. cit.*, p. 89.

[15] Ver: Simon Schwartzman, *Bases do autoritarismo brasileiro*, Brasília, Editora da UnB, 1982; Fernando Uricocheia, *O minotauro imperial*, São Paulo, Difel, 1978.

quase que restringindo sua análise a aspectos institucionais da história brasileira.

Entretanto, os autores que enfatizam o peso do patrimonialismo no Brasil nem sempre concordam entre si. Schwartzman, por exemplo, critica Faoro por não diferenciar situações específicas na história brasileira, pintando um quadro em que ela praticamente não variaria, de Dom João VI a Getúlio Vargas. *Bases do autoritarismo brasileiro* considera, assim, em linha divergente com *Os donos do poder*, que conviveria no Brasil, junto com a burocracia patrimonialista, um setor capitalista privado, presente sobretudo em São Paulo. Conseqüentemente, a tensão do neopatrimonialismo com o capitalismo moderno pressionaria em favor da mudança.

A outra linha de interpretação do Brasil, que insiste nas tendências quase anárquicas da sociedade, é, por sua vez, combatida, em suas grandes linhas, por Faoro. Antes de tudo, o maior problema do Brasil não é, segundo *Os donos do poder*, a falta de poder do Estado, mas justamente o oposto: o poder estatal que oprime a nação.

Na crítica a essa interpretação da história brasileira e, em particular, à sua vertente feudal, Faoro chega a mobilizar um aliado surpreendente: Caio Prado Jr. Da mesma forma que o historiador marxista, entende a descoberta e a colonização do Brasil como parte de um todo maior, a expansão ultramarina européia. Ambos também concordam em que só se pode falar em feudalismo no país como figura de retórica, já que aqui prevaleceria, no contexto de capitalismo mercantil, a empresa agrícola voltada para a produção de bens demandados pelo mercado externo. Faoro chega a citar, com aprovação, a afirmação de *Formação do Brasil contemporâneo: colônia* de que a colonização teria sido um "negócio do Rei".

Os dois autores também consideram o capitalismo mercantil como central na história brasileira, avaliando que muitos de seus impasses refletiriam a dificuldade de superá-lo. No entanto, é diferente a maneira de Prado Jr. e Faoro entenderem as implicações da persistência entre nós de elementos do capitalismo mercantil, o marxista identificando-os sobretudo com as dificuldades de penetração de relações mercantis na esfera da produção, o weberiano como expressão do capitalismo politicamente orientado, que teria surgido a partir da dominação tradicional patrimonialista.

Ou seja, há uma divergência de fundo nas análises desenvolvidas em *Formação do Brasil contemporâneo: colônia* e *Os donos do poder*. Enquanto o historiador marxista entende a colonização principalmente a partir da formação do capitalismo como sistema mundial de produção de mercadorias, o jurista weberiano a vê ligada ao capitalismo politicamente orientado, que tolheria o desenvolvimento da "economia racional, entregue às próprias leis, com a calculabilidade das operações".[16]

De qualquer modo, levando em conta sua análise "estatista" da história brasileira, seria de se esperar que *Os donos do poder* defendesse a realização de reformas institucionais, que libertassem da pressão sufocante do Estado o mundo dos interesses, presente na sociedade. Mas de forma bastante interessante, uma comparação atenta da interpretação do Brasil de Faoro com a de um autor que, à primeira vista, parece ser seu antípoda, o "privatista" Oliveira Vianna, permite visualizar importantes pontos de contato entre os dois.

---

[16] Faoro, *Os donos do poder*, op. cit., p. 12.

A maneira de Faoro retratar a transmigração da Corte portuguesa (1808) lembra em muito a caracterização de Oliveira Vianna. Segundo os dois autores, é a vinda de Dom João VI para o Brasil que teria retirado os senhores rurais do isolamento de suas fazendas, permitindo que passassem a ter atuação política. No Rio de Janeiro de então, esses homens rústicos passariam a ver seus interesses e valores se chocarem com os da burguesia comercial e da nobreza burocrática portuguesas. Por fim, a independência aparece como uma vitória dos brasileiros sobre os portugueses, partidários da recolonização.

Populações meridionais do Brasil e *Os donos do poder* divergem, todavia, sobre como avaliar esse desenvolvimento. O livro de 1920 considera que a aristocracia da terra, deixada a si mesma, seria incapaz de dar início à obra de unificação nacional, até porque no seu interior não haveria solidariedade social, os caudilhos formando clãs de fazendeiros que lutavam entre si. Seria, portanto, um elemento de fora, a Coroa, que deveria estimular a unificação nacional, filtrando entre os senhores rurais os mais capazes de irem além de seus horizontes imediatos.

O livro de 1958 também entende que a nobreza da terra acaba assumindo um papel secundário na formação do Estado imperial. Depois do seu triunfo inicial, as características que o Estado assume no país seriam influenciadas principalmente pela burocracia de origem portuguesa. Dessa maneira, se criaria uma realidade estranha à sociedade, estabelecendo como que "uma carapaça que envolveu a nação, impedindo-lhe os movimentos e a respiração".[17]

---

[17] *Ibid.*, p. 131.

Mesmo assim, continuaria a subsistir, subterraneamente, na vida e no pensamento político brasileiros, outra corrente, ligada aos senhores rurais subjugados.

De maneira complementar, os dois autores destacam as mesmas instituições – o Senado vitalício, o Conselho de Estado e, principalmente, o Poder Moderador – como as mais importantes do período imperial. Têm, porém, avaliações opostas sobre o papel que desempenham. Para o jurista fluminense, é por meio delas que a Coroa pode selecionar, no interior da aristocracia da terra, os homens mais capazes a fim de realizar a tarefa de unificação nacional. Em sentido oposto, para o jurista gaúcho, essas instituições seriam então os principais sustentáculos do estamento burocrático.

Mas a partir da linha interpretativa de Faoro, seria de esperar que as suas simpatias se voltassem contra os herdeiros do marquês de Pombal e em favor do grupo derrotado, mais próximo do "país real" e defensor do liberalismo. Curiosamente, entretanto, sua avaliação da Regência, período em que os então dominantes liberais procuraram reformar o país, é muito próxima da de Oliveira Vianna. Segundo o jurista gaúcho, o resultado das medidas tomadas não foi o *self government* à americana, mas "o caos, a anarquia dos sertões".[18]

Faoro também concorda com Oliveira Vianna quanto às causas mais profundas de tal desenvolvimento: a inadequação de idéias estrangeiras à realidade brasileira. Para eles, o desconhecimento da sociedade estimularia os legisladores a repetirem prestigiosas fórmulas estrangeiras sem se preocuparem com sua correspondência

---

[18] *Ibid.*, p. 158.

ou não às condições locais. Faoro não chega a ir tão longe quanto Oliveira Vianna, que esboça uma sociologia dos intelectuais para explicar esse pretenso fenômeno, mas concorda com seu antecessor em que homens sem raízes, situados entre a cultura de sua gente e a cultura européia, realizam uma "perigosa antecipação política da realidade social".[19] De certa forma, ambos sugerem que, no Brasil, instituições liberais não produziriam autogoverno, mas caudilhismo.

Em outras palavras, a caracterização da história brasileira, presente em *Os donos do poder*, onde se ressalta a subordinação da nação pelo Estado, talvez levasse a acreditar que Faoro defende a reforma política, a fim de libertar a sociedade da opressão do Estado.

No entanto, se o Estado é uma realidade opressiva em *Os donos do poder*, a nação, sempre próxima da desordem, não oferece alternativas muito melhores. Faoro, como outros intérpretes da experiência brasileira e latino-americana, considera que conviveriam no país, lado a lado, duas sociedades distintas. No entanto, diferentemente, por exemplo, de Euclides da Cunha, que entende a oposição entre litoral e sertão com base em determinantes geográficas, *Os donos do poder* a explica a partir de fatores sociais, em particular, a ação do estamento burocrático ao longo da história brasileira. Expressão da civilização européia, teria agido sobre o ambiente americano sem, contudo, transformá-lo inteiramente. Estaria aí a origem da permanente tensão entre a metrópole e a colônia, o Estado e a nação no Brasil. Ou, como diz Faoro:

---

[19] *Ibid.*, p. 165.

de um lado, está o estamento burocrático, expressão da monarquia portuguesa colonizadora e civilizadora, com a preocupação de absorver e cunhar interiormente a sociedade colonial. [...] No lado oposto está a sociedade colonial, sem lograr emancipar-se no Império e na República da estrutura trazida, rudimentarmente, por Tomé de Sousa.

Esse dualismo, diz Faoro, está na raiz do choque permanente entre duas ideologias opostas: "liberalismo e centralismo, ou federalismo e unitarismo, ou democracia e monarquia, ou autonomismo e centralismo".[20]

Mas a perspectiva de Faoro, apesar de marcada pela oposição entre Estado e sociedade, é menos dualista do que a de outros autores que vimos ao longo do livro, como Oliveira Vianna e Sérgio Buarque de Holanda. O autor de *Os donos do poder* enfatiza, assim como Gilberto Freyre e Caio Prado Jr., para além do conflito, a ligação entre os elementos que compõem sua análise. Para desenvolver esse tipo de argumento, Faoro serve-se inclusive da categoria de "desenvolvimento desigual e combinado", formulada por Leon Trotsky para analisar a Rússia czarista.[21]

Tal perspectiva seria sugerida inclusive pelo fato de a dominação patrimonialista, diferentemente da feudal, não se fechar sobre si própria, demonstrando uma notável capacidade de adaptação a novas condições. Seria mesmo o mercado mundial o principal

---

[20] *Ibid.*, p. 179.

[21] No entanto, diferente do revolucionário ucraniano o jurista gaúcho não vê o desenvolvimento desigual e combinado como impulsionando a mudança, mas servindo à conservação. Ver: Leopoldo Waizbort, "Influência e invenção na sociologia brasileira (desiguais porém combinados)" in Miceli (org.), *O que ler na ciência social brasileira*, v. iv, São Paulo, Editora Sumaré, 2002.

agente de pressão para que isso ocorresse. Pode-se, entretanto, em chave oposta, criticar Faoro por tratar qualquer política realizada pelo Estado, independente de seu conteúdo, como estamental.[22]

De qualquer maneira, Faoro não deixa de considerar, em termos dualistas, que o Estado se identificaria com a figura do funcionário, a nação expressando-se principalmente por meio dos proprietários rurais, dos caudilhos e dos bandidos. Entre os dois setores se encontrariam os comerciantes, que não deveriam pertencer ao ambiente estatal, mas que, ao dependerem, no quadro de capitalismo politicamente orientado, de benefícios oficiais, se ligariam a ele.

Se não há muita dúvida quanto ao retrato fortemente negativo que *Os donos do poder* fornece do estamento burocrático, sua caracterização dos grupos identificados com a nação também está longe de ser positiva. Do fazendeiro ao bandido, passando pelo caudilho, avança-se num grau de crescente desagregação.

No entanto, essa tendência à desagregação, sempre presente na história brasileira, teria, desde a colônia, se subordinado ao estamento burocrático. Os donatários das capitanias e os bandeirantes, por exemplo, sem serem propriamente funcionários do rei, comportar-se-iam como agentes da Coroa. O Segundo Reinado teria levado ainda mais longe a tutela do Estado sobre a nação, chegando ao ponto de moldá-la. Quando finalmente a nação teve a oportunidade de se manifestar, com a Lei Saraiva, que estabeleceu o voto direto, o país real que teria emergido já "não era o dos independentes e arrogantes senhores territoriais, mas o dos pedidos de emprego". Em poucas palavras, "o país real fora conquistado pelo oficial".[23]

---

[22] Ver: Souza, *A modernização seletiva*, p. 97.

[23] *Ibid.*, p. 192.

Na verdade, ao chamar a atenção principalmente para o papel do Estado e do estamento burocrático na história brasileira, *Os donos do poder* acaba por sofrer de uma certa miopia em relação ao que ocorre no âmbito da nação. A escravidão, por exemplo, não recebe muito espaço no livro, a Abolição sendo retratada como um quase capricho do estamento burocrático: "graças à decisão do estamento burocrático, ciente de que sua vontade daria orientação à própria economia da nação, no orgulhoso patrimonialismo que o fundamentava, o próprio regime de trabalho escravo ruiu a um sopro seu".[24]

Sem vislumbrar grandes possibilidades de solução política e social para os problemas do Brasil, a única esperança que Faoro se permite alimentar é a de que, para além da classe proprietária e lucrativa, surja, finalmente, a classe social, composta pelo "proletariado urbano, a pequena burguesia, os proprietários e privilegiados por educação e os intelectuais sem propriedade e os técnicos assalariados". Mesmo assim, não deixa de se perguntar: "mas, vencedora na sociedade, destruirá o estamento burocrático ou ainda mais o reforçará? Eis a questão..."[25]

Talvez em razão dessa maneira de entender o Estado e a nação, *Os donos do poder* não oferece propriamente um programa político para o Brasil. O livro, diferentemente da maior parte das interpretações do Brasil, não chega a defender a organização da nação pelo Estado, ou, ao contrário, a libertação da sociedade da opressão estatal. Mais do que um programa positivo, Faoro fornece uma visão fundamentalmente desesperançada da política e da sociedade brasileiras.

---

[24] *Ibid.*, p. 199.
[25] *Ibid.*, p. 257.

Nessa referência, na primeira edição de *Os donos do poder,* se imagina que só uma ruptura radical poderia pôr fim ao domínio do estamento burocrático:

> parece impossível, como ensinou Jesus, deitar vinho novo em odres velhos, porque, em fermentando o vinho, aqueles se rompem e este se entorna. É necessário que o vinho novo seja colocado em odres novos, para que ambos se conservem.
>
> As velhas caldeiras, a fim de que se expanda a pressão, hão de romper-se e fragmentar-se em mil peças disformes. A explosão há de ser total e profunda e os velhos odres devem ser abandonados. Somente assim a criança tolhida e enferma terá ensejo de crescer e tornar-se adulta. Essas são as expectativas cegas da fé, que a razão e a análise históricas repelem.[26]

No entanto, até mesmo a possibilidade revolucionária, para pôr fim ao domínio do estamento burocrático, deixa de ser vislumbrada, dezessete anos depois, na segunda edição do livro, quando se passa a narrar uma história já concluída: "deitou-se remendo de pano novo em vestido velho, vinho novo em odres velhos, sem que o vestido se rompesse nem o odre rebentasse"...[27]

---

[26] *Ibid.*, p. 271.

[27] Faoro, *Os donos do poder,* Rio de Janeiro, Editora Globo, 1991, p. 748.

Devo a observação à diferença entre os finais das duas edições de *Os donos do poder* a Gildo Marçal Brandão.

INDICAÇÕES DE LEITURA

Não há, curiosamente, muitos trabalhos sobre Raymundo Faoro. Entre eles, os únicos que oferecem alguma informação biográfica são os artigos "Revisão de Raymundo Faoro", de Francisco Iglésias, que apareceu, em 1976, no n. 3 dos *Cadernos do Departamento de Ciência Política* da UFMG; e "The dilemma of the Latin American Liberal: the case of Raymundo Faoro", de Mark Osiel, publicada no n. 1, de 1986, da *Luso-Brazilian Review*. O artigo de Iglésias traz uma útil comparação da primeira e segunda edições de *Os donos do poder*, ao passo que o de Mark Osiel dá bastante atenção ao período de Faoro como presidente da OAB.

Provavelmente a interpretação mais influente da obra de Faoro é a de Luiz Werneck Vianna, no ensaio "Weber e a interpretação do Brasil", publicado no livro *O malandro e o protestante*, organizado, em 1999, por Jessé Souza para a Editora da UnB. Werneck Vianna enfatiza a afinidade entre políticas anti-estatistas, prevalecentes desde a década de noventa, com a interpretação do Brasil sugerida por *Os donos do poder*. Na mesma linha, Marcelo Jasmin desenvolve o argumento no artigo "A viagem redonda de Raymundo Faoro em *Os donos do poder*", da coletânea de *Nenhum Brasil existe*, de 2003, organizada por João Cezar de Castro Rocha para a Topbooks. Já Rubens Goyatá Campante, em "O patrimonialismo em Faoro e Weber e a sociologia brasileira", artigo aparecido no n. 1, de 2003, da *Dados*, ao comparar o uso da categoria de patrimonialismo nos dois autores, sugere que a utilização do brasileiro limita sua capacidade explicativa.

Linha oposta é defendida no ensaio de Kátia M. Barreto "Um projeto civilizador: revisitando Faoro", publicado no n. 36, de 1995, da revista *Lua Nova*. Nesse caso, é enfatizada principalmente a dimensão ética do pensamento de Faoro.

Capítulo VII

Florestan Fernandes

FLORESTAN FERNANDES nasce em 1920, em São Paulo. É filho de "mãe solteira", uma imigrante portuguesa que trabalha então como empregada doméstica. A origem social de Florestan é muito diferente da dos outros "intérpretes do Brasil" que discutimos até o momento. Não vem de uma família patrícia, como Oliveira Vianna, Gilberto Freyre e Caio Prado Jr., tampouco das camadas médias, casos de Sérgio Buarque de Holanda e Raymundo Faoro, oriundos de seus dois ramos principais, famílias tradicionais decadentes e imigrantes em processo de ascensão social.

De início, o menino tem negado seu próprio nome. A família "quatrocentona" da madrinha, com a qual vive nos primeiros anos, não o chama de Florestan, mas de Vicente, supostamente nome mais adequado para alguém de sua condição social.

Os primeiros anos de Florestan-Vicente são conturbados, passados entre as casas luxuosas dos patrões de sua mãe e cortiços e quartos mobiliados. Aos nove anos de idade, é forçado a abandonar os estudos, a fim de ganhar a vida. Mas aos dezessete, então garçom, vê um colégio instalar-se ao lado do bar onde trabalha. Logo fica amigo dos professores e, em pouco tempo, retoma, no curso de madureza, os estudos.

O jovem enfrenta, porém, a resistência da mãe, que vislumbra a possibilidade de o filho se afastar dela devido à educação. No entanto, isso não ocorre, os dois vivendo juntos até a morte. Mas a educação não deixa de abrir um novo mundo para Florestan Fernandes, que pode, finalmente, "viver como gente".

Mesmo assim, ainda precisa ganhar a vida. Portanto, ao prestar vestibular, tem que limitar a escolha a carreiras que ofereçam cursos de meio período. Ingressa, dessa maneira, sem sentir atração especial, no curso de ciências sociais da recém-criada Universidade de São Paulo (USP).

Na Faculdade de Filosofia, as exigências de professores franceses, como Roger Bastide, Paul Arbousse-Bastide e Jean Maugé, entram em choque com o rarefeito ambiente intelectual brasileiro. Seus cursos não oferecem, além do mais, grandes perspectivas profissionais. Dessa maneira, limita-se a atrair alunos que pensam se tornar professores do primeiro ou segundo grau, caso de Florestan, ou, num sentido oposto, que não precisam se preocupar com a sobrevivência.

Já cedo, o estudante demonstra uma incomum dedicação e aptidão ao trabalho intelectual. Refletindo isso, publica, ainda na graduação, artigos sobre folclore em São Paulo. Nesse período, de plena ditadura do Estado Novo, também milita no trotskista Partido Socialista Revolucionário (PSR). No entanto, com o progresso de sua carreira acadêmica seus companheiros de partido decidem liberá-lo das atividades políticas imediatas.

Formado, Florestan Fernandes aceita o convite de Fernando Azevedo para se tornar seu assistente na cadeira de Sociologia II.

Decide também prestar exame para ingressar no mestrado da Escola Livre de Sociologia e Política de São Paulo (ELSP). Com muitos professores formados nos EUA, considerava-se que a ELSP teria uma preocupação maior com a pesquisa empírica, que contrastaria com a orientação "mais teórica" da "européia" USP.

No entanto, Florestan elege como objeto de mestrado um tema bastante original, a organização social de um grupo indígena já extinto, os tupinambás. Defende a dissertação em 1947. Quatro anos depois, faz seu doutorado sobre o mesmo grupo indígena, mas na USP, analisando *A função social da guerra na sociedade tupinambá*.

Dando seqüência a seus primeiros trabalhos acadêmicos, que utilizam largamente o funcionalismo, escreve, em 1955, sua tese de livre-docência, *Ensaio sobre o método funcionalista na sociologia*.

Esse percurso intelectual corresponde, além do mais, à crença do sociólogo paulista de que a pesquisa empírica não deve ser um fim em si mesmo, abrindo, ao contrário, caminho para a formulação teórica. Não menos significativo, o trabalho já defende a posição, que o acompanha pelo resto da vida, de que se deve utilizar os diferentes métodos de interpretação de acordo com as condições do objeto de pesquisa.

Antes mesmo de terminar sua tese de doutorado, Florestan Fernandes é convidado por seu antigo mestre, Roger Bastide, para coordenar, com ele, uma pesquisa sobre as relações raciais em São Paulo. Essa pesquisa faz parte de uma maior, encomendada pela Unesco, que visava indicar que as relações raciais brasileiras poderiam ser um exemplo de convivência harmoniosa para o resto do mundo.[1] Os autores de *Brancos e negros em São Paulo* chegam,

---

[1] Ver: Maio, "O projeto UNESCO e a agenda das ciências sociais no Brasil dos anos 40 e 50", *op. cit.*

entretanto, a conclusões bastante diferentes, abrindo caminho para o desmonte do que chamam de "mito da democracia racial".

No que se refere a Florestan, a pesquisa é um marco na sua trajetória. Daí para diante, seus trabalhos se preocupam principalmente com questões relacionadas à formação e à evolução da sociedade brasileira, num sentido que não deixa de ser de intervenção. Para tanto o favorece a situação como regente da cadeira de Sociologia I que passa a ocupar em 1954, em razão da volta à França do titular, Bastide. Nessa posição, se cerca de jovens auxiliares, como Fernando Henrique Cardoso e Octavio Ianni, que também realizam teses sobre as relações raciais no Brasil.

No mesmo ano em que se torna regente da cadeira de Sociologia I, Florestan Fernandes é convidado a proferir, no Instituto Brasileiro de Economia, Sociologia e Política (Ibesp), antecessor do Instituto Superior de Estudos Brasileiros (Iseb), uma palestra sobre a crise da democracia no Brasil. Nela, questiona a própria formulação sugerida, argumentando que a democracia não poderia estar em crise no país, já que a sociedade brasileira não seria verdadeiramente democrática.

A partir daí, o jovem sociólogo paulista envolve-se numa polêmica com o já consagrado sociólogo baiano Guerreiro Ramos. Enquanto o segundo insiste na criação de uma "sociologia nacional", acreditando que a investigação deve ter um caráter eminentemente político, o primeiro argumenta que só é possível apreender os problemas particulares de uma determinada sociedade por meio da utilização de parâmetros científicos com validade universal.

De qualquer maneira, o apogeu do trabalho que é realizado na cadeira de Sociologia I da USP ocorre, em 1964, com a defesa da tese de cátedra de Florestan: *A integração do negro na sociedade de classes*. Nela, analisa a situação do negro na passagem da sociedade escravista para a sociedade de classes. Para tanto, elege como terreno de estudo São Paulo, "primeiro centro urbano especificamente *burguês*".

A rápida transformação ocorrida na cidade, entre o final do século XIX e início do século XX, teria deixado o negro e o mulato de fora. Daí derivaria o "desajustamento estrutural" e a "desorganização social" da população negra. Em outras palavras, mudanças ocorridas na estrutura social seriam acompanhadas mais rapidamente pela ordem social do que pela ordem racial, a última aparecendo "como um resíduo do *antigo regime*".

A partir de uma ordem de preocupações similar, Florestan Fernandes elabora, junto com seus assistentes, o projeto "Economia e sociedade no Brasil: análise sociológica do subdesenvolvimento". Para viabilizar a pesquisa, também é formulado um projeto mais circunscrito, "A empresa industrial em São Paulo", que permite a criação, em 1962, do Centro de Sociologia Industrial e do Trabalho (Cesit).

No entanto, o golpe de 1964 põe fim ao Cesit e o "golpe dentro do golpe", o AI-5, à própria atuação na USP de Florestan Fernandes, que é, em 1969, aposentado compulsoriamente. O homem que por mais de 25 anos se dedicara incessantemente a criar no Brasil, a partir da universidade, uma sociologia regida por padrões científicos entra em profunda crise.

Aquele que dela emerge não é apenas um sociólogo rigoroso, mas também um publicista revolucionário. Nessa condição, é eleito, duas vezes, deputado federal pelo Partido dos Trabalhadores (PT). Morre em 1995.

A REVOLUÇÃO BURGUESA NO BRASIL

A redação de *A revolução burguesa no Brasil* é motivada pelo golpe de 1964. Como seu autor explica, pouco depois da publicação do livro: "para mim, não se tratava de isolar a sublevação militar de uma dominação de classes arraigada".[2] Esse propósito não deixaria de estar vinculado ao próprio clima intelectual que passa a prevalecer no ambiente universitário brasileiro, onde se abandona "o uso do conceito de dominação burguesa, a teoria de classes e, especialmente, a aplicação da noção de revolução burguesa à etapa da transição para o capitalismo industrial nas nações capitalistas da periferia".[3]

Mas devido às vicissitudes pela quais passa Florestan Fernandes depois de 1964, *A revolução burguesa no Brasil* é escrita em diferentes momentos. A primeira e a segunda partes são elaboradas, com base em notas de aula, em 1966, e a terceira parte em 1973, depois de o sociólogo aposentado pelo AI-5 passar alguns anos na Universidade de Toronto.

A unidade entre as três partes do livro, não é, inclusive, óbvia. Não deixa de ser significativo, como nota Maria Arminda do Nascimento Arruda, que a ligação entre a primeira e a terceira parte "se dá através de um capítulo [segunda parte] denominado [...] de 'Fragmento'". Assim, "essa seção parece solta no corpo do trabalho, como se estivesse deslocada, como se rompesse a estrutura da análise".[4]

---

[2] Florestan Fernandes, "Resposta às intervenções: um ensaio de interpretação sociológica crítica" in *Encontros com a Civilização Brasileira*, n. 4, 1978, p. 202.

[3] *Ibid.*, p. 203.

[4] Maria Arminda de Nascimento Arruda, "A sociologia no Brasil" in Sérgio Miceli (org.), *História das ciências sociais no Brasil*, v. ii, São Paulo, Editora Sumaré, 1996, p. 60.

De qualquer maneira, a primeira parte de *A revolução burguesa no Brasil* se concentra na análise da desagregação da ordem social escravocrata e senhorial, impulsionada pela independência política, e no estabelecimento de uma sociedade de classes no país. A partir daí, a segunda parte estuda a formação de uma "ordem social competitiva", que funcionaria como marco estrutural da revolução burguesa no Brasil. Finalmente, a terceira parte analisa o que seria a concretização de nossa revolução burguesa. O golpe de 1964 indicaria mesmo que em países capitalistas dependentes e subdesenvolvidos haveria, de maneira geral, uma "forte dissociação entre desenvolvimento capitalista e democracia".[5]

Em termos mais formais, é possível argumentar, como sugere Gabriel Cohn, que *A revolução burguesa no Brasil* utiliza principalmente a noção de "polarização" ou de "polarização dinâmica".[6] Ela indicaria a presença, no mesmo objeto, de orientações opostas, que conviveriam em permanente tensão. A "polarização dinâmica" não deixa, além do mais, de fazer referência aos dois níveis com os quais *A revolução burguesa* trabalha e Paulo Silveira faz alusão: a estrutura e a história.[7] Em poucas palavras, a estrutura criaria as possibilidades que os agentes poderiam ou não aproveitar.

De certa maneira, na primeira parte do livro se presta mais atenção aos agentes, como o "fazendeiro de café" e o "imigrante", e na terceira parte às estruturas, principalmente o que Florestan chama

---

[5] Fernandes, *A revolução burguesa no Brasil*, Rio de Janeiro, Editora Guanabara, p. 22.

[6] Gabriel Cohn, "*A revolução burguesa no Brasil*" in Lourenço Dantas Mota, *Introdução ao Brasil: um banquete nos trópicos*, v. i, São Paulo, Editora Senac, 1999.

[7] Paulo Silveira, "Estrutura e história" in *Encontros com a Civilização Brasileira*, n. 4, 1978.

de "dupla articulação". Mas entre a primeira e a terceira parte há o capítulo sobre a formação da ordem social competitiva, fragmento que argumenta justamente que "usar a história como expediente para explicar a limitação das ações humanas não é uma boa regra de método, pois são os homens que criam a história socialmente".[8] Ou seja, defende que estrutura e história não podem ser entendidas de maneira separadas.

Como não poderia deixar de ser, uma questão perpassa *A revolução burguesa no Brasil*: houve uma revolução de tal tipo no Brasil? Se entendermos que esse é um processo que deve seguir o "modelo clássico", tal como ocorreu na Guerra Civil Inglesa, na Revolução Francesa e na Guerra Civil Americana, a resposta provavelmente será negativa. Essas revoluções, que acabaram por combinar capitalismo com democracia parlamentar e se concretizaram, segundo Barrington Moore, com "o desenvolvimento de um grupo na sociedade com uma base econômica independente, o qual atacara os obstáculos [...] herdados do passado",[9] não tiveram similar entre nós.

Florestan Fernandes entende, porém, a revolução burguesa não como um episódio histórico, mas como um fenômeno estrutural, que não segue um caminho único. Ou seja, ela seria um processo dinâmico, que ocorreria de acordo com as diferentes escolhas realizadas pelos agentes humanos no âmbito econômico, social e político. Portanto, se trataria fundamentalmente de estudar o "estilo" específico que a revolução burguesa assume no Brasil.

---

[8] Fernandes, *op. cit.*, p. 180.

[9] Barrington Moore, *Origens sociais da ditadura e da democracia*, São Paulo, Martins Fontes, 1983, p. 5.

Diversos fatores, que variariam de acordo com as condições históricas, determinariam como seria o padrão de dominação burguesa, como se daria a transformação capitalista e qual seria a relação entre eles. Além do mais, se se aceitasse como revoluções burguesas apenas os casos que se aproximam do "modelo clássico", ficariam de fora "casos atípicos", como os da Alemanha e do Japão, de "revoluções vindas de cima", e "casos comuns", como os que ocorreriam nos países capitalistas periféricos.

A periferia do capitalismo possuiria traços estruturais e dinâmicos que caracterizariam a existência de uma economia mercantil – se não os tivesse, não seria capitalista. No entanto, diferenças se superporiam a essas uniformidades fundamentais, tornando o desenvolvimento capitalista dependente, subdesenvolvido e imperializado. Seriam precisamente essas diferenças que caracterizariam o típico da dominação burguesa e da transformação capitalista na periferia. Por um lado, como "não há ruptura definitiva com o passado", ele reapareceria, cobrando "seu preço".[10] Por outro lado, a revolução burguesa apareceria vinculada a mudanças decorrentes da expansão do mercado capitalista e dos dinamismos das economias centrais.

A revolução burguesa no Brasil ofereceria, além do mais, especial interesse, já que, por estar relativamente adiantada, permitiria entender como ela se daria, em linhas gerais, em outros países de capitalismo dependente e subdesenvolvido. Nesse sentido, nossa revolução burguesa seria tanto particular ao país como típica do que ocorre na situação periférica.

---

[10] Fernandes, *op. cit.* p. 202.

Em termos mais históricos, Florestan Fernandes considera a independência como a primeira grande revolução brasileira. Ela delimitaria o fim da era colonial e o início da formação da sociedade nacional. Desde então, o poder deixaria de ser imposto de fora para ser organizado de dentro, as camadas senhoriais impondo seu domínio para além do nível doméstico.

Mas num outro sentido, os senhores rurais também teriam contribuído para fazer da independência uma "revolução dentro da ordem". Em outras palavras, a ruptura do estatuto colonial teria sido motivada, em grande parte, pelo desejo de manutenção da estrutura da sociedade colonial.

Estaria presente, dessa maneira, desde a independência, uma polarização dinâmica representada pelo estabelecimento de uma organização jurídico-política autônoma com a conservação da ordem social da colônia. O primeiro elemento, revolucionário, teria agido no plano da política, abrindo caminho para a formação da sociedade nacional. Já o elemento conservador teria pressionado pela manutenção da antiga estrutura social.

A intimidade entre os dois aspectos seria tanta que se teria estabelecido um verdadeiro amálgama entre o novo, a organização jurídico-política, e o velho, seu substrato material, social e moral. Ou, para falar como Florestan Fernandes, se encontrariam, lado a lado, caracteres autônomos, associados à sociedade nacional, com heteronômicos, ligados à era colonial.

A independência, ao não entrar em conflito com a estrutura da sociedade colonial, levaria à superposição dos planos de poder. A dominação senhorial, bem como as estruturas sociais que a sustentariam, teria se mantido ao nível da economia escravista. Por outro lado, onde o liberalismo teria sido influente, na organização do aparelho estatal, se criaria uma situação de quase autonomia, em que a dominação senhorial só interviria indiretamente. Portanto, a ordem legal conviveria com a dominação tradicional, estabelecendo uma dualidade estrutural.

Com a concretização da independência, ideologia e utopia liberal, já presentes durante a colônia, passariam por processos de reelaboração. Depois de estabelecida a representação e a democratização no âmbito das camadas senhoriais, a ideologia liberal trataria principalmente da integração nacional. Assim, o "senhor" se transformaria também em "cidadão", as recém-criadas ordem legal e sociedade civil passando a conviver juntas. De maneira complementar, a utopia liberal se reconstituiria num sentido negativo, pressionando pela transformação da realidade. No entanto, seria difícil de distinguir entre elementos ideológicos e utópicos, o que refletiria a própria situação histórica, além da inconsistência e ambigüidade do liberalismo.

No entanto, a relação ainda assumiria outra dimensão. A ordem legal favoreceria a concentração de poder político por parte das camadas senhoriais a tal ponto "que 'sociedade civil' e 'estamentos sociais dominantes' passam a significar a mesma coisa".[11] Quando se fazia referência a "interesses da nação" se estaria falando, na verdade, em "interesses da grande lavoura".

As possibilidades de mando para o membro da camada senhorial, metamorfoseado em senhor-cidadão, se potencializariam, passando a ser exercidas também no nível político. Em torno do Estado nacional haveria uma socialização de privilégios sociais comuns, o que retiraria os senhores do isolamento colonial. Nesse

---

[11] *Ibid.*, p. 40.

processo de ampliação e burocratização da dominação senhorial, esta se transformaria em dominação estamental propriamente dita. Com a estamentalização da sociedade civil, o liberalismo passaria a ser encarado como privilégio.

Subsistiria, contudo, uma tensão entre o Estado, convertido em instrumento da dominação estamental, e o seu componente utópico. A integração jurídico-político da sociedade nacional passaria a se dar apenas onde o Estado seria capaz de acumular poder suficiente para enfrentar ou, em sentido oposto, não desafiar a dominação senhorial. Portanto, no processo de integração nacional, os interesses da sociedade civil teriam mais peso do que a ação estatal.

O liberalismo representaria, porém, a ruptura com o passado num "momento de vontade indecisa". Essa indecisão ocorreria como reflexo da relação do liberalismo com o estamento senhorial, o que faria com que a ruptura não pudesse tomar uma atitude clara no presente, tendo que se ligar a um projeto para o futuro, mesmo remoto. Nisso, apareceria um novo elemento, a busca pelo "progresso" existente em outras nações. O aspecto utópico do liberalismo talvez nunca chegasse a se realizar, ou melhor, talvez conduzisse a lugar nenhum. De qualquer maneira, haveria aí uma mudança em relação à dominação tradicional, baseada no "eterno ontem", já que se passaria a valorizar o "futuro como medida de valor dos processos históricos".[12]

Além de tudo, a independência não deixaria de ter repercussão na organização da economia e da sociedade. Em primeiro lugar, as estruturas remanescentes da colônia passariam a ter que se organizar no quadro da nova ordem legal. Com o tempo, se configuraria

---

[12] *Ibid.*, p. 53.

mesmo uma nova "situação de mercado", que viria a se tornar o principal pólo do desenvolvimento econômico do Brasil.

No entanto, o núcleo mais importante da economia continuaria a produzir, por algum tempo, para a exportação. A importação serviria, além do mais, para corrigir os efeitos da especialização da economia na produção agrícola. Em outras palavras, apesar da nova ordem legal, que imporia o controle interno da economia, a produção e o consumo continuariam voltados para o mercado externo.

Mesmo assim, persistiriam atividades já presentes no período colonial e ligadas ao mercado interno, como a lavoura de subsistência, a criação de gado e a produção artesanal e manufatureira. Não obstante, ocorreriam também mudanças em relação ao que prevalecia na colônia. Teria esse sentido, em especial, a internalização das fases de comercialização do excedente econômico e, junto com ela, a possibilidade de setores nativos o despenderem como desejassem.

De qualquer maneira, a assimilação de novos padrões capitalistas se restringiria à esfera comercial. A renovação ocorreria, em especial, nas cidades, onde também seria investida parte do excedente econômico produzido. Nessa nova situação, a zona urbana se converteria na principal impulsionadora do mercado interno.

Mas mesmo que os padrões capitalistas não tivessem criado uma economia capitalista integrada, teria mudado o padrão de civilização vigente. Essa seria, segundo Florestan Fernandes, a primeira renovação importante da economia brasileira, impulsionando o "verdadeiro palco do 'burguês': uma situação de mercado que exigia econômica, social e politicamente, o 'espírito burguês' e a concepção burguesa do mundo".[13] Dessa maneira, se estabeleceria um

---

[13] *Ibid.*, p. 96.

novo patamar para o desenvolvimento econômico. Esse horizonte cultural não deixaria, além do mais, de entrar em choque com os padrões com os quais o estamento senhorial se identificaria.

Para além das estruturas, Florestan considera que, onde ocorreu revolução burguesa, ela teria sido impulsionada por certos agentes humanos, que tiveram papel estratégico no desenvolvimento do capitalismo moderno. No caso brasileiro, assumiriam especial importância o "fazendeiro de café" e o "imigrante". O primeiro teria, quase que inadvertidamente, separado a fazenda e a riqueza por ela produzida do *status* senhorial. Já o segundo nunca teria procurado o *status* senhorial, mas a riqueza.

Da desagregação da ordem social escravocrata e senhorial emergiria a ordem social competitiva, o que teria ocorrido, *grosso modo*, na fase do "capitalismo competitivo e do imperialismo restrito". A ordem social competitiva seria resultado, fundamentalmente, da absorção do capitalismo como sistema de produção e de troca. Em outras palavras, em países como o Brasil, dependentes e de origem colonial, o capitalismo teria sido introduzido antes da constituição da ordem social competitiva.

Conseqüentemente, os dinamismos provenientes do mercado externo encontrariam pela frente estruturas econômicas, sociais e políticas remanescentes do período colonial, que selecionariam e limitariam os impulsos renovadores. De maneira geral, as estruturas coloniais se revelariam bastante plásticas no que se refere ao mercado externo, mas rígidas em relação ao mercado interno.

A competição encontraria, em especial, grande dificuldade de se impor na ordem social escravocrata e senhorial. Em termos estamentais, ela seria incorporada ao privilégio, sendo deformada e transformada em privatismo.

No entanto, o estamento senhorial, ao decidir tornar o Brasil independente, não deixaria de optar pelo capitalismo. Em outras palavras, a competição, estimulada pela situação de mercado, seria incompatível com a persistência da ordem social escravocrata e senhorial. Mesmo assim, se criaria uma "economia 'nacional' híbrida, que promovia a coexistência e a interinfluência de formas econômicas variavelmente 'arcaicas' e 'modernas'".[14]

Refletindo essa situação, no Brasil não haveria o deslocamento dos velhos grupos dominantes por novos grupos. A oligarquia não perderia sua base de poder, bastando, para tanto, se modernizar. A atração que a burguesia sentiria pela oligarquia favoreceria esse comportamento, seus horizontes culturais sendo basicamente os mesmos, marcados por preocupações particularistas. Assim, estranhamente, "o mundo oligárquico reproduz-se fora da oligarquia".[15]

Haveria, a partir daí, uma unificação das classes possuidoras, que acabariam por se identificar com uma visão de mundo e um estilo de vida burguês. Não seriam, porém, apenas seus interesses materiais que a oligarquia garantiria, sendo ela também quem determinaria a repressão ao escravo e ao proletariado como eixos principais da revolução burguesa no Brasil. Nesse sentido, a associação com a oligarquia faria da burguesia brasileira uma classe ultra-conservadora e mesmo reacionária, o que abriria caminho para o padrão autocrático de dominação.

Mas, apesar de tudo, a burguesia se veria como uma classe revolucionária, democrática e nacionalista. Sofreria a influência da

---

[14] *Ibid.*, p. 176.

[15] *Ibid.*,

ideologia e da utopia burguesas elaboradas nas nações centrais e hegemônicas do capitalismo. Nessa orientação, os requisitos legais e ideais da ordem social competitiva chegariam a ser reproduzidos. Por outro lado, seriam válidos apenas para as classes dominantes, se esgotando num "circuito fechado". A "democracia burguesa", que não valeria para a nação como um todo, corresponderia, conseqüentemente, a uma "democracia restrita", funcionando apenas entre os iguais, ou seja, os que exercem a dominação.

Em resumo, se criaria, desde a independência, uma situação de fusão do velho com o novo. Essa fusão seria, além de tudo, funcional para o tipo de capitalismo praticado na periferia do sistema. O capitalismo se superporia ao que existia anteriormente, se aproveitando das "condições extremamente favoráveis de acumulação original, herdadas da colônia e do período neo-colonial".[16] Como resultado, conviveria com formas econômicas extracapitalistas, das quais seria extraída parte do excedente econômico que financiaria a modernização.

Assim, não chegaria a ser concretizada, ao longo da evolução do capitalismo no Brasil, a superação de formas econômicas não capitalistas e a ruptura da associação dependente com o exterior. Apareceria aí um padrão de desenvolvimento típico do capitalismo dependente e subdesenvolvido. Ele se caracterizaria por uma dupla articulação, manifestada, externamente, pela dominação imperialista, e, internamente, pelo desenvolvimento regional desigual.

O subdesenvolvimento daria origem a uma extrema concentração social e regional de riqueza. Já a ligação das classes dominantes brasileiras com o imperialismo seria fruto da "afinidade eletiva" en-

---

[16] *Ibid.*, p. 210.

tre os dois. Seria também facilitada pela forma como o capitalismo é percebido no Brasil, ou seja, como mera técnica econômica "e não como uma política de alcance nacional que afeta a totalidade do processo histórico".[17] Para o capital internacional, interessado apenas na segurança de seus investimentos, essa percepção seria motivo de alívio.

Segundo Florestan Fernandes, seria em torno do Estado que as classes dominantes brasileiras se unificam, até porque por meio dele seus interesses poderiam ser universalizados. Essa orientação apenas repetiria um padrão mais geral. Mas, de forma específica, a pressão externa exercida pelo imperialismo criaria um tipo particular de impotência burguesa que faria com que fosse em direção ao Estado que convergiria a ação burguesa, contribuindo para que o elemento político ganhasse importância. Tudo isso faria com que nessa situação a dominação burguesa e a transformação capitalista obedecessem a um "eixo especificamente político". A revolução burguesa na periferia seria, dessa maneira, "um fenômeno essencialmente político".[18]

Seria com base naquilo que as classes dominantes têm em comum, ou seja, sua situação de classes possuidoras, que se daria sua unificação. A solidariedade de classes, a partir do Estado, possibilitaria inclusive uma articulação entre as diferentes frações da burguesia, criando uma unidade conservadora. Isso faria com que a impotência burguesa fosse convertida no seu oposto, "uma força relativamente incontrolável".[19]

---

[17] Ibid., p. 223.
[18] Ibid., p. 294.
[19] Ibid., p. 3-7.

Essa orientação se intensificaria na fase do "capitalismo monopolista e do imperialismo total", que começaria na década de cinqüenta e adquiriria "caráter estrutural" com o golpe de 1964. Chegamos, assim, ao problema que Florestan Fernandes apresenta como central em *A revolução burguesa no Brasil*: a crise do poder burguês. Diferente da assim chamada crise da oligarquia, que seria apenas conjuntural, não resultando na perda de poder por parte do antigo grupo dominante, essa seria uma crise mais profunda.

Não seria, entretanto, uma crise devido aos riscos enfrentados pela dominação burguesa, o proletariado sendo até utilizado como "bode expiatório" para seu desfecho. Teria caráter de crise, isso sim, devido à percepção por parte da burguesia brasileira da necessidade de se adaptar às novas condições advindas da transição do capitalismo competitivo para o capitalismo monopolista.

A implantação do capitalismo monopolista no Brasil coincidiria, além do mais, com a crise mais ampla do sistema. Essa crise dataria da Revolução de 1917, quando passou a existir uma alternativa de civilização ao capitalismo. Ele, desde então, travaria uma incessante luta pela sobrevivência com o "socialismo". Na periferia, as "burguesias nacionais" funcionariam como "fronteiras internas do capitalismo", o que contribuiria para ressaltar, ainda mais, o aspecto político das revoluções burguesas.

A dominação burguesa se revelaria, desde então, como ela realmente é: uma autocracia burguesa. Antes mesmo do golpe de 1964, o que havia seria uma autocracia burguesa dissimulada. Com o golpe, que representaria a ruptura com o arsenal ideológico e horizonte cultural anterior da burguesia, não mais se procuraria esconder essa autocracia.

Mas, como adverte Cohn, a autocracia da qual fala Florestan Fernandes não é sinônimo de autoritarismo. Ela corresponderia, na verdade, a "uma forma de exercício do poder e não de sua organização". Nesse sentido, a autocracia burguesa deve ser entendida como "a concentração exclusivista e privatista do poder".[20] Portanto, mesmo com o fim da Guerra Fria e do regime militar, fatores que motivaram a redação de *A revolução burguesa no Brasil*, a autocracia burguesa não desapareceria no país.

INTERPRETAÇÕES

Florestan Fernandes, como nota Fernando Henrique Cardoso, criou uma linguagem. Linguagem difícil, aparentemente até impenetrável.[21] A dificuldade e o rigor da linguagem não são, porém, gratuitos, mas visam garantir precisão no que é dito.

De maneira complementar, a linguagem é fundamental para realizar o objetivo do autor de consolidar a sociologia no Brasil. Ou, em outras palavras, a própria dificuldade da linguagem, carregada de conceitos, serviria para legitimar o empreendimento de implantar a ciência sociológica no Brasil.

Nisso, Florestan Fernandes se afasta dos "intérpretes do Brasil", especialmente os mais próximos da literatura, como Gilberto Freyre e Sérgio Buarque de Holanda. O sociólogo pernambucano,

---

[20] Cohn, *op. cit.*, p. 404.

[21] Ver: Cardoso, "A paixão pelo saber" in Maria Ângela D'Incao, *O saber militante*, Rio de Janeiro, Paz e Terra, 1987.

em particular, parece ser o antípoda do sociólogo paulista; se o estilo do primeiro é sedutor, atrai, o segundo coloca à prova o leitor. Isso, sugere Florestan, não é mesmo mero acaso. O ensaísmo, com a liberdade que o caracteriza, refletiria uma visão estamental de mundo. Já a aparente impenetrabilidade da monografia sociológica seria conseqüência da dificuldade do trabalho intelectual, levado a cabo como qualquer outro trabalho.

Assim, a diferença entre Florestan Fernandes e os "intérpretes do Brasil" também ocorreria ao nível do objeto. Se os segundos escrevem ensaios gerais sobre o país, o primeiro circunscreve, de maneira geral, suas monografias a determinados temas.

A revolução burguesa no Brasil destoa, entretanto, dos demais livros do sociólogo paulista. Isso está indicado no próprio subtítulo do livro: "ensaio de interpretação sociológica". Já nesse subtítulo, que é mais do que tudo uma explicação, estão presentes as "polaridades dinâmicas" com as quais Florestan trabalha.

De um lado, encontra-se o "ensaio", do outro, a "interpretação sociológica". É o primeiro elemento que permite a realização de uma "interpretação do Brasil", mas Florestan a elabora pela ótica do sociólogo. O próprio autor explica: "trata-se de um ensaio livre, que não poderia escrever, se não fosse sociólogo. Mas que põe em primeiro plano as frustrações e as esperanças de um socialista militante".[22]

Esse trecho indica que *A revolução burguesa no Brasil* só foi escrito devido às atribulações políticas pelas quais passou o Brasil, que afastam Florestan Fernandes da universidade e do projeto científico com o qual há mais de 25 anos estava envolvido. Em outras pala-

---

[22] Fernandes, *op. cit.*, p. 3 e 4.

vras, devido ao golpe, o socialista militante é levado a realizar uma "interpretação do Brasil". Não deixa de fazer isso, porém, como sociólogo rigoroso. A partir dessa dupla perspectiva, é mesmo possível procurar estabelecer um diálogo entre *A revolução burguesa no Brasil* e outras interpretações do Brasil.

Em termos amplos, Florestan Fernandes se aproxima da linha de análise que, desde Caio Prado Jr., ressalta a ligação do Brasil com um quadro maior, em que o desenvolvimento do capitalismo como sistema mundial é o dado principal. Os dois ressaltam inclusive a presença no país de dois setores: um que está orientado para fora, produzindo para o mercado externo, e outro que está voltado para dentro, produzindo para o mercado interno. Nessa referência, destacam a independência como momento em que a segunda orientação ganha importância.

A revolução burguesa no Brasil se distancia, entretanto, de *Formação do Brasil contemporâneo: colônia* na maior atenção que presta a fatores internos à sociedade brasileira. Mesmo que Florestan concorde com Caio Prado em que a vida de seu país é plasmada principalmente pelo "sentido da colonização", ele analisa com mais cuidado como os próprios brasileiros lidaram, ao longo da história, com essa orientação.

Assim, paradoxalmente, o retrato do Brasil que o historiador produz é praticamente de uma história imutável que, desde a colônia, não consegue romper com os condicionantes estabelecidos pelo capital comercial. O sociólogo, em contraste, procura entender como, ao longo do tempo, diferentes impulsos externos foram reelaborados no interior da sociedade brasileira, abrindo espaço para a emergência do capital industrial.

Nessa orientação, Florestan Fernandes se aproxima de "interpretações do Brasil", como as de Oliveira Vianna, Gilberto Freyre e Sérgio Buarque de Holanda, que prestam grande atenção a fatores internos à sociedade brasileira. Não deixa inclusive de fazer uso da categoria de patriarcalismo, principal instrumento utilizado por esses autores para explicar o Brasil.

Florestan, assim como Oliveira Vianna, também atribui grande relevância ao papel assumido pelo Estado na ordem pós-colonial brasileira. Para ambos, proveria dele o principal impulso para retirar os senhores rurais de uma situação em que seus horizontes políticos e culturais não iriam muito além do domínio rural.

No entanto, o Estado surge na história brasileira, de acordo com Oliveira Vianna e, de certa forma, Raymundo Faoro, de maneira quase "providencial", sem que seja demonstrado seu vínculo com o ambiente social em que atua. Para Florestan, ao contrário, é a impotência da burguesia brasileira – fruto da sua relação com o imperialismo – que faz com que sua ação convirja para o Estado.

Além do mais, diferentemente de Oliveira Vianna, Florestan Fernandes não vê a relação entre liberalismo e conservadorismo no Brasil como simplesmente de oposição, mas de complementaridade. O realismo e o idealismo, atribuídos a conservadores e liberais, não passariam do "verso e [d]o reverso da mesma moeda", até porque, desde a independência, ocorreria no país uma combinação entre elementos conservadores e utópicos, expressa inclusive nas recém-constituídas ordem legal e sociedade civil.

Com Sérgio Buarque de Holanda, a proximidade de Florestan Fernandes começa na identificação do estado natal de ambos, São Paulo, com as transformações que poriam fim à ordem colonial.

Os dois autores também explicam esse protagonismo basicamente pelos mesmos fatores: a emergência de uma cultura agrícola, o café, com características diferentes das anteriores e numa região que tinha sido marginal no período colonial.

Num sentido mais profundo, tanto para *A revolução burguesa no Brasil* como para *Raízes do Brasil*, o estabelecimento da democracia no Brasil é um problema central. Não entendem, além do mais, a democracia apenas na sua dimensão política, prestando também grande atenção aos seus aspectos sociais. Mas enquanto a perspectiva do historiador é otimista, acreditando que o Brasil se transforma num sentido democrático, a visão do sociólogo é pessimista, insistindo na não-afinidade de nossa burguesia com a democracia.

No entanto, de maneira aparentemente curiosa, algumas das convergências mais significativas da "interpretação do Brasil" esboçada por Florestan Fernandes ocorrem com a formulada pelo autor que, à primeira vista, parece ser seu antípoda: Gilberto Freyre. Em termos amplos, os dois, como aponta Jessé Souza, ao mesmo tempo que entendem a modernização brasileira com referência a casos clássicos, não imaginam que uma situação periférica, como a do país, simplesmente os repita.[23]

A referência ao Brasil também ajuda a entender por que o sociólogo pernambucano e o sociólogo paulista constroem suas análises com base em categorias como o "equilíbrio de antagonismos" e a "polaridade dinâmica". Elas como que expressam, até em termos de estilo, as tensões constitutivas de um país cuja evolução interna é marcada principalmente pela presença de influências externas.

---

[23] Ver: Souza, *A modernização seletiva*, op. cit.

Indicações de leitura

Bons trabalhos biográficos sobre Florestan Fernandes são *Destino ímpar*, de Sylvia Garcia, publicado, em 2002, pela Editora 34 e *Florestan: a inteligência militante*, de Haroldo Ceravolo Sereza, publicado em 2005, pela Boitempo. O que não dispensa a leitura do relato da sua vida pelo próprio autor, em *A sociologia no Brasil*, da Editora Vozes, aparecido em 1980.

Entre os autores que escreveram sobre Florestan Fernandes, destacam-se Maria Arminda do Nascimento Arruda e Gabriel Cohn. Os principais trabalhos da autora são "A sociologia no Brasil: Florestan Fernandes e a 'escola paulista'", capítulo que fez para o livro, organizado, em 1995, por Sérgio Miceli para a Editora Sumaré: *História das ciências sociais no Brasil* e o capítulo – "Florestan Fernandes e a sociologia de São Paulo; que redigiu para seu livro *Metrópole e cultura: São Paulo no meio do século xx*, publicado, em 2001, pela Edusc. Já os ensaios mais importantes de Gabriel Cohn sobre Florestan Fernandes são: "Padrões e dilemas: o pensamento de Florestan Fernandes", publicado, no ano de 1986, em *A inteligência brasileira*, organizado por Ricardo Antunes, Vera Ferrante e Reginaldo Moraes para a Editora Brasiliense; e o ensaio em que discute *A revolução burguesa no Brasil*, no primeiro volume do livro organizado, em 1999, por Lourenço Dantas Mota para a Editora Senac, *Introdução ao Brasil: um banquete nos trópicos*.

Também são muito boas as coletâneas: *O saber militante*, organizada, em 1987, por Maria Ângela D'Incao para a Editora Paz e Terra, e *Florestan e o sentido das coisas*, organizada, em 1998, por Paulo Henrique Martinez para a Editora Boitempo. Algumas revistas também publicaram dossiês especiais sobre Florestan Fernandes, depois de sua morte. No caso da *Estudos Avançados,* isso ocorreu no n. 26, de 1996, e no da *Revista USP,* no n. 29, também de 1996. Antes, a *Encontros com a Civilização Brasileira* reproduziu, em 1978, alguns dos trabalhos que foram apresentados num simpósio, na Universidade do Texas, sobre *A revolução burguesa no Brasil.*

Índice Remissivo

A

ABOLIÇÃO 45, 116, 117, 118, 167, 177
AÇÚCAR 61, 117, 140
ÁFRICA 90, 107, 121, 150
ALIANÇA NACIONAL LIBERTADORA (ANL) 133, 134
AMBIENTE 15, 35, 39, 40, 42, 43, 45, 52, 53, 58, 60, 64, 65, 67, 68, 77, 83, 89, 92, 95, 97, 108, 113, 114, 115, 116, 120, 121, 122, 123, 124, 144, 145, 146, 158, 161, 169, 174, 176, 184, 188, 204
AMÉRICA 21, 42, 61, 71, 88, 89, 93, 105, 107, 119, 124, 139, 143, 150, 164
AMERICANISMO 124
AMÉRICA LATINA 42
ANDRADE, MÁRIO DE 103
ARANTES, PAULO 24, 47
ARAÚJO, RICARDO BENZAQUEN DE 10, 85, 98, 99, 100
ARISTOCRACIA 34, 59, 60, 62, 64, 65, 91, 108, 116, 162, 172, 173
ARRUDA, MARIA ARMINDA DE NASCIMENTO 188, 206
ASSIS, JOAQUIM MARIA MACHADO DE 16, 25, 43, 44, 157
AUTOCRACIA BURGUESA 200, 201
AUTORITARISMO INSTRUMENTAL 26, 38, 39, 70
AVENTUREIRO 88, 111, 112, 113, 121, 126, 139, 150, 151

B

BASTIDE, ROGER 97, 184, 185, 186
BASTOS, ELIDE RUGAI 11, 65, 71, 72, 79, 100

BOAS, FRANZ 77, 80, 82
BRANCO 63, 84, 93
BRANDÃO, GILDO MARÇAL 11, 18, 45, 65, 73, 178
BRASIL 7, 10, 11, 12, 13, 14, 15, 16, 17, 18, 21, 22, 23, 24, 25, 27, 31, 32, 34, 35, 36, 37, 38, 40, 41, 42, 45, 46, 47, 52, 53, 54, 55, 56, 57, 58, 59, 60, 61, 62, 63, 64, 65, 66, 67, 68, 69, 70, 71, 72, 73, 77, 78, 79, 80, 81, 82, 84, 85, 86, 88, 90, 91, 92, 93, 95, 96, 97, 99, 100, 103, 104, 105, 106, 107, 108, 109, 110, 112, 113, 114, 115, 116, 117, 118, 119, 120, 121, 122, 123, 124, 125, 126, 132, 133, 134, 135, 136, 137, 138, 139, 140, 141, 144, 145, 147, 148, 149, 150, 151, 152, 153, 158, 159, 160, 161, 162, 163, 164, 165, 167, 168, 169, 170, 171, 172, 174, 177, 179, 183, 185, 186, 187, 188, 189, 190, 191, 195, 196, 197, 198, 199, 200, 201, 202, 203, 204, 205, 206, 207
BURGUESIA 34, 64, 131, 136, 162, 172, 177, 197, 199, 200, 204, 205
BURKE, EDMUND 57, 96, 99
BUROCRACIA 64, 170, 172

C

CAFÉ 61, 88, 117, 131, 140, 189, 196, 205
CANDIDO, ANTONIO 10, 23, 24, 25, 26, 33, 79, 80, 96, 97, 105, 119, 126, 161
CAPITALISMO 24, 41, 42, 45, 71, 87, 132, 149, 153, 160, 163, 165, 167, 170, 171, 176, 188, 190, 191, 196, 197, 198, 199, 200, 203
CAPITALISMO DEPENDENTE 191, 198
CAPITALISMO POLITICAMENTE ORIENTADO 163, 165, 167, 171, 176
CARDOSO, FERNANDO HENRIQUE 46, 78, 186, 201
CARVALHO, JOSÉ MURILO 53, 65, 70, 71, 73, 95, 104, 168
CENTRALIZAÇÃO 22, 40, 164
CLASSES 56, 63, 64, 66, 159, 160, 161, 162, 163, 187, 188, 189, 197, 198, 199
COHN, GABRIEL 189, 201, 206
COLÔNIA 23, 24, 26, 27, 32, 33, 56, 64, 65, 68, 77, 78, 87, 96, 113, 123, 134, 136, 137, 138, 139, 140, 141, 142, 143, 145, 146, 147, 148, 149, 150, 152, 163, 164, 165, 170, 171, 174, 176, 192, 193, 194, 195, 198, 203
COLÔNIA DE EXPLORAÇÃO 163

COLONIZAÇÃO 88, 90, 91, 93, 94, 107, 110, 111, 112, 113, 120, 121, 122, 138, 139, 140, 141, 144, 147, 148, 150, 151, 153, 163, 164, 170, 171, 203
COMISSÃO NACIONAL DE ORGANIZAÇÃO POLÍTICA 134, 135
COMPANHIA DE JESUS 34, 87, 89, 111
COMUNISTAS 133, 134, 135
CONSERVADORES 26, 37, 38, 39, 40, 55, 66, 70, 119, 166, 204
CONSERVADORISMO 57, 95, 96, 204
COROA 65, 67, 145, 164, 172, 173, 176
COUTO, RIBEIRO 114
CULTURA 15, 71, 77, 79, 80, 82, 83, 84, 85, 86, 89, 90, 92, 93, 98, 99, 103, 104, 105, 107, 108, 109, 116, 117, 118, 120, 121, 145, 153, 174, 205, 206
CULTURA DA PERSONALIDADE 108, 109, 118
CUNHA, EUCLIDES DA 54, 119, 174

D
DEMOCRACIA 97, 98, 107, 114, 115, 116, 118, 122, 125, 126, 163, 166, 175, 186, 189, 190, 198, 205
DESCENTRALIZAÇÃO 22, 55, 66, 164
DIAS, MARIA ODILA LEITE DA SILVA 126, 153
DUPLA ARTICULAÇÃO 190, 198

E
EDITORA BRASILIENSE 79, 100, 134, 152, 206
ENSAIO 12, 22, 43, 90, 100, 125, 179, 188, 202, 206
EQUILÍBRIO DE ANTAGONISMOS 84, 85, 86, 92, 94, 205
ESCRAVIDÃO 22, 40, 41, 42, 43, 45, 61, 62, 80, 86, 88, 91, 94, 99, 116, 143, 144, 145, 149, 177
ESCRAVOS 37, 40, 41, 44, 62, 84, 87, 91, 92, 93, 98, 109, 122, 142, 145, 146, 165
ESTADO 24, 34, 35, 38, 39, 57, 65, 67, 68, 69, 70, 71, 84, 88, 95, 113, 114, 134, 157, 158, 159, 161, 162, 163, 164, 165, 166, 167, 168, 169, 170, 171, 172, 173, 174, 175, 176, 177, 184, 193, 194, 199, 204

ESTAMENTO 26, 34, 36, 38, 158, 161, 162, 163, 164, 165, 166, 167, 173, 174, 175, 176, 177, 178, 194, 196, 197

ESTAMENTO BUROCRÁTICO 26, 34, 36, 38, 158, 161, 163, 164, 165, 166, 167, 173, 174, 175, 176, 177, 178

Estados Unidos da América (EUA) 26, 37, 77, 80, 88, 93, 95, 185

Europa 26, 34, 37, 40, 66, 67, 70, 78, 89, 90, 95, 107, 116, 119, 121, 134, 139, 150

EXÉRCITO 166

F

Faoro, Raymundo 5, 12, 13, 17, 23, 24, 26, 31, 32, 33, 34, 35, 36, 37, 38, 88, 149, 155, 157, 158, 159, 160, 161, 162, 163, 164, 166, 167, 168, 169, 170, 171, 172, 173, 174, 175, 176, 177, 178, 179, 183, 204

Fernandes, Florestan 5, 12, 17, 23, 24, 97, 181, 183, 184, 185, 186, 187, 188, 189, 190, 191, 192, 195, 199, 200, 201, 202, 203, 204, 205, 206

FEUDALISMO 87, 135, 147, 149, 160, 162, 170

FORMAÇÃO 12, 13, 22, 23, 24, 25, 27, 33, 38, 46, 70, 78, 96, 134, 136, 137, 145, 147, 149, 152, 157, 170, 171, 203

Franco, Maria Sylvia Carvalho 42

Freyre, Gilberto 5, 11, 17, 23, 24, 26, 27, 47, 63, 69, 75, 77, 78, 79, 80, 81, 82, 83, 84, 85, 88, 89, 90, 92, 94, 95, 96, 97, 98, 99, 100, 103, 105, 106, 107, 108, 113, 121, 122, 123, 124, 125, 126, 146, 148, 150, 175, 183, 201, 204, 205

Furtado, Celso 23, 24, 25, 26, 113, 139, 149

G

Golpe de 1964 169, 187, 188, 189, 200

Gramsci. Antonio 151, 153

Grande Exploração 140, 141, 142, 146, 147, 148, 149

H

HISTORISMO 105

Holanda, Sérgio Buarque de 5, 10, 12, 23, 24, 26, 47, 69, 79, 80, 88, 97, 101, 103, 104, 106, 107, 109, 110, 112, 114, 115, 116, 119, 120, 121, 122, 123, 124, 125, 126, 139, 148, 150, 161, 168, 169, 175, 183, 201, 204

HOMEM CORDIAL 115
HOMENS LIVRES 41

I

IANNI, OCTAVIO 186
IBERISMO 71, 73, 124
IDEOLOGIA 32, 33, 35, 38, 39, 40, 41, 97, 98, 99, 164, 193, 198
IDEOLOGIA DE ESTADO 38, 39
IGREJA 87, 125, 151, 167
IMPERIALISMO 196, 198, 199, 200, 204
IMPÉRIO 21, 26, 39, 40, 51, 58, 65, 68, 70, 72, 83, 92, 120, 151, 165, 167, 175
INDEPENDÊNCIA 21, 32, 41, 59, 64, 65, 67, 77, 122, 153, 165, 172, 189, 192, 193, 194, 198, 203, 204
ÍNDIO 93
INGLATERRA 40, 67, 107, 109, 131, 139, 164
INSTITUIÇÕES 32, 37, 39, 44, 54, 55, 70, 120, 161, 173, 174
INSTITUTO SUPERIOR DE ESTUDOS BRASILEIROS (ISEB) 186

J

JESUÍTAS 89, 111, 131
JOÃO I 26

L

LAMOUNIER, BOLÍVAR 13, 22, 23, 38, 39, 70, 107, 125
LAPOUGE, G. VACHER 53
LATIFÚNDIO 60, 61, 63, 65, 88, 89, 95, 96, 122, 123
LÊNIN, VLADIMIR I. 151
LE BON, GUSTAVE 53
LE PLAY, PIERRE GUILLAUME-FRÉDERIC 53, 54, 58, 95
LIBERAIS 36, 37, 38, 39, 40, 41, 55, 66, 70, 119, 165, 166, 173, 174, 204
LIBERALISMO 14, 26, 31, 32, 35, 36, 37, 38, 40, 41, 42, 45, 70, 95, 165, 173, 175, 192, 193, 194, 204

Lima, Luiz Costa 83
Lukács, George 44, 150

M

Mariátegui, José Carlos 78, 151
Marx, Karl 39, 42, 150
marxismo 11, 148, 151, 153
mestiçagem 63, 81, 83
modernismo 78, 79, 80, 103, 104, 105, 120
modernização conservadora 17, 79, 100
Morse, Richard 71, 124
Mota, Carlos Guilherme 85, 97, 98, 99
Movimento Regionalista do Nordeste 100

N

nação 11, 47, 65, 66, 107, 124, 136, 143, 151, 160, 163, 166, 167, 168, 170, 172, 174, 176, 177, 193, 198
negro 63, 92, 93, 94, 186, 187
neo-lamarkismo 95
Nordeste 78, 83, 88, 100, 103, 108, 112, 113
Novais, Fernando 152, 153
Nova Inglaterra 109, 139

O

Ordem dos Advogados do Brasil (OAB) 158, 159, 179
oligarquia 132, 197, 200
ordem social competitiva 189, 190, 196, 198

P

Partido Comunista do Brasil (PCB) 69, 132, 134, 135, 136, 149, 153
Partido Conservador 51, 55, 166

Partido Democrático 132
Partido dos Trabalhadores (PT) 106, 187
Partido Liberal 166
patriarcalismo 83, 86, 88, 89, 92, 95, 96, 100, 123, 160, 169, 204
patrimonialismo 109, 160, 162, 163, 164, 166, 167, 168, 169, 170, 177, 179
Pedro ii 166
plasticidade 91, 107, 108, 111, 122
plebe rural 62
Poder Moderador 67, 165, 166, 167, 173
polarização dinâmica 189, 192
Pombal, Marquês de (Sebastião José de Carvalho e Melo) 34, 173
Prado Jr., Caio 5, 11, 12, 23, 24, 26, 88, 106, 113, 126, 129, 131, 132, 133, 134, 135, 136, 138, 141, 142, 144, 146, 147, 148, 150, 151, 152, 153, 170, 171, 175, 183, 203
Prestes, Luiz Carlos 135
proprietários rurais 35, 62, 63, 64, 148, 176

R

raça 53, 60, 63, 77, 82, 83, 84, 90, 91, 92, 93, 97, 98, 107, 111, 122, 145
racismo 69, 95, 97, 145
Regência 166, 173
regresso 166
religião 2, 86, 87, 106, 124, 146
República 12, 13, 21, 22, 38, 54, 55, 70, 72, 83, 105, 116, 119, 120, 131, 132, 164, 167, 175
República Velha 54, 70, 72, 119, 131, 132
Revista Brasiliense 135, 136
revolução 23, 24, 27, 66, 71, 73, 105, 117, 135, 136, 149, 188, 189, 190, 191, 192, 196, 197, 199, 200, 201, 202, 203, 205, 206, 207
revolução burguesa 23, 24, 27, 149, 188, 189, 190, 191, 196, 197, 199, 200, 201, 202, 203, 205, 206, 207
Revolução de 1930 52, 78, 79, 80, 100, 120, 132, 167

Rio de Janeiro 11, 22, 24, 44, 51, 52, 53, 57, 66, 69, 79, 83, 85, 97, 103, 107, 115, 157, 162, 172, 178, 189, 201

Romero, Sylvio 54, 81

S

Santos, Wanderley Guilherme dos 13, 26, 31, 32, 37, 38, 39, 40, 41, 43, 70, 95

São Paulo 2, 9, 10, 11, 12, 15, 17, 18, 25, 31, 59, 65, 66, 69, 71, 79, 80, 81, 85, 88, 97, 98, 103, 106, 125, 131, 132, 133, 135, 136, 161, 169, 170, 175, 183, 184, 185, 187, 188, 189, 190, 204, 206

Schwartzman, Simon 169, 170

Schwarz, Roberto 14, 15, 16, 18, 25, 26, 31, 32, 40, 41, 42, 43, 45, 47

Segundo Reinado 166, 176

Senado 67, 165, 173

senhores 36, 37, 40, 43, 62, 63, 64, 84, 87, 92, 94, 98, 113, 122, 142, 145, 146, 149, 164, 165, 166, 172, 173, 176, 192, 193, 204

sentido da colonização 147, 148, 150, 151, 153, 203

setor inorgânico 141, 142, 143

setor orgânico 143, 153

Simonsen, Roberto 149

sistema colonial 34, 140, 141

socialismo 132, 151, 200

sociedade 11, 12, 14, 15, 16, 18, 22, 24, 25, 32, 36, 37, 38, 39, 40, 41, 42, 44, 45, 57, 58, 60, 61, 62, 64, 68, 70, 71, 72, 77, 87, 94, 95, 98, 112, 115, 116, 117, 124, 125, 139, 140, 143, 146, 147, 148, 158, 159, 162, 166, 167, 168, 169, 170, 171, 172, 173, 174, 175, 177, 185, 186, 187, 189, 190, 192, 193, 194, 203, 204

Souza, Jessé 109, 118, 126, 160, 176, 179, 205

T

Tavares Bastos 73, 168

Tocqueville, Aléxis de 57, 109

Torres, Alberto 52, 54, 55, 72, 119

TOTALIDADE 85, 140, 141, 147, 150, 199
TRABALHADOR 93, 111, 112, 144
TRABALHADORES 139, 165
TRANSMIGRAÇÃO DA FAMÍLIA REAL PORTUGUESA 64, 165
TROTSKY, LEON 175

U

UNIÃO DEMOCRÁTICA NACIONAL(UDN) 83, 135
UNIVERSIDADE DE CAMPINAS (UNICAMP) 65, 69, 72, 78, 100, 126, 153
UNIVERSIDADE DE SÃO PAULO (USP) 106, 133, 135, 152, 161, 184, 185, 186, 187, 207
UNIVERSIDADE DO DISTRITO FEDERAL (UDF) 106
URUGUAI, VISCONDE DO 37, 55, 70
UTOPIA 10, 65, 70, 73, 95, 193, 198

V

VARGAS, GETÚLIO 132, 134, 170
VIANNA, FRANCISCO JOSÉ DE OLIVEIRA 5, 11, 17, 23, 24, 27, 37, 38, 40, 47, 49, 51, 52, 53, 54, 55, 56, 57, 58, 59, 60, 61, 62, 63, 64, 65, 66, 67, 68, 69, 70, 71, 72, 73, 81, 89, 90, 94, 113, 115, 119, 120, 121, 122, 123, 124, 139, 148, 168, 171, 172, 173, 174, 175, 183, 204
VIANNA, LUIZ WERNECK 71, 73, 95, 159, 160, 179
VIOLÊNCIA 68, 98, 99, 122

W

WEBER, MAX 105, 114, 160, 161, 167, 179

Z

ZEA, LEOPOLDO 96, 151
ZONAS DE FRONTEIRA 107

Este livro foi impresso em São Paulo pela gráfica Vida & Consciência no outono de 2008. No texto da obra foi utilizada a fonte Minion, em corpo 10,5 com entrelinha de 16,2 pontos.